Francês PARA LEIGOS®

Edição de Bolso

Por Dodi-Katrin Schmidt
Michelle M. Williams
Dominique Wenzel

Editor da Série Berlitz®: Juergen Lorenz

ALTA BOOKS
EDITORA
Rio de Janeiro, 2012

Francês Para Leigos – Edição de Bolso Copyright © 2012 Starlin Alta Editora e Consultoria Ltda.
ISBN: 978-85-7608-758-8

Produção Editorial
Editora Alta Books

Gerência Editorial
Anderson da Silva Vieira

Supervisão Editorial
Angel Cabeza
Augusto Coutinho

Editoria de Edições de Bolso e Projetos Nacionais
Gianna Campolina
Andréa Bellotti

Controle de Qualidade
Sergio Luiz de Souza

Equipe Editorial
Adalberto Taconi
Bianca Massacesi
Brenda Ramalho
Bruna Serrano
Cristiane Santos
Cláudia Braga
Daniel Siqueira
Evellyn Pacheco
Iuri Santos
Isis Batista
Jaciara Lima
Juliana de Paulo
Lara Gouvêa
Lícia Oliveira
Marcelo Vieira
Marco Silva
Mateus Alves
Milena Souza
Patrícia Fadel
Paulo Roberto
Pedro Sá
Rafael Surgek
Thiê Alves
Vanessa Gomes
Vinicius Damasceno

Tradução
Eveline Machado

Revisão Técnica
Sheyla Polvora

Diagramação
Greice Mary

Marketing e Promoção
Daniel Schilklaper
marketing@altabooks.com.br

1ª Edição, 2012

Dados Internacionais de Catalogação na Publicação (CIP)

S349f Schmidt, Dodi-Katrin.
Francês para leigos / por Dodi-Katrin Schmidt, Michelle M. Williams, Dominique Wenzel ; editor da série Berlitz®: Juergen Lorenz. – Rio de Janeiro, RJ : Alta Books, 2012.
212 p. : il. + áudio online ; 4 ¾ pol. – (Para Leigos)
Inclui apêndice.
Edição de bolso.
Tradução de: French for dummies.
ISBN 978-85-7608-758-8

1 1. Língua francesa - Compêndios para estrangeiros. 2. Língua francesa - Gramática. 3. Língua francesa - Francês falado. I. Williams, Michelle M. II. Wenzel, Dominique. III. Lorenz, Juergen. IV. Título. V. Série.

CDU 804.0(035)
CDD 448.2

Índice para catálogo sistemático:
1. Língua francesa : Compêndios 804.0(035)
(Bibliotecária responsável: Sabrina Leal Araujo – CRB 10/1507)

ALTA BOOKS
EDITORA

Rua Viúva Cláudio, 291 – Bairro Industrial do Jacaré
CEP: 20970-031 – Rio de Janeiro – Tels.: 21 3278-8069/8419 Fax: 21 3277-1253
www.altabooks.com.br – e-mail: altabooks@altabooks.com.br
www.facebook.com/altabooks – www.twitter.com/alta_books

Agradecimentos das Autoras

Dodi-Katrin Schmidt: Muitos agradecimentos para as pessoas na Wiley por tornarem este livro possível e por editarem-no segundo as diretrizes do *Para Leigos*. Também desejo fazer um reconhecimento especial e tenho muita gratidão a Juergen Lorenz na Berlitz Publishing por sua ajuda valiosa.

E mais, agradecimentos especiais à minha amiga francesa Sylvie Debrosse, que pesquisou e verificou muitas das informações deste livro. E também devo muita gratidão ao meu eterno contato francês Fabienne Cywinski, que ajudou a ter ideias e a verificar muitos detalhes. Por último, mas não menos importante, um grande abraço a meu marido Frank: criador de ideias e companheiro, crítico feliz e solucionador de problemas com eterna paciência.

Michelle Williams: Sinceros agradecimentos e gratidão às pessoas na Berlitz e na Wiley, inclusive a Tim Gallan, Juergen Lorenz e especialmente Sheryl Olinsky Borg por seu suporte e encorajamento profissional. Sou eternamente grata aos meus pais, Tom e Marie Zanavich, e à minha irmã Kristin Zanavich, por seu apoio infinito e por acreditarem em mim.

Dominique Wenzel: Primeiro, quero agradecer aos coordenadores na Berlitz, Juergen Lorenz e Sheryl Olinsky Borg, que nos ajudaram em cada etapa. Também gostaria de reconhecer o trabalho de minha coautora Dodi Schmidt, que é, de fato, a principal colaboradora deste livro. Agradecimentos amorosos e especiais a meus filhos, Nikolai e Sophie, por seu apoio contínuo de longe e de perto.

A **Berlitz** gostaria de agradecer às seguintes pessoas: Dodi-Katrin Schmidt, Dominique Wenzel e Michelle M. Williams, uma extraordinária equipe de escritoras, por sua dedicação incansável ao criar este livro.

Professor Jean Antoin Billard por ajudar a iniciar este projeto.

Nosso produtor de áudio em Nova York, Paul Ruben, que desenvolveu as faixas de áudio, dando vida ao idioma francês escrito!

Nossos editores, Juergen Lorenz e Sheryl Olinsky Borg, por seu profissionalismo e comprometimento ao montarem este projeto desafiador e notável.

E nosso profundo agradecimento à equipe na Wiley, especialmente a Holly McGuire, Pam Mourouzis e Tim Gallan que conduziram o *Francês Para Leigos* do início ao fim!

Sumário

Introdução ***1***

Parte I: Iniciando ***5***

Capítulo 1: Você Já Sabe um Pouco de Francês 7
Capítulo 2: O Xis da Questão: Gramática Francesa Básica 15
Capítulo 3: Bonjour! Olá! Saudações e Apresentações 23

Parte II: Francês em Ação ***33***

Capítulo 4: Conhecendo Você: Conversando Sobre Amenidades 35
Capítulo 5: Bon Appétit! Jantando Fora e Indo ao Mercado... 47
Capítulo 6: Compras Fáceis 63
Capítulo 7: Saindo na Cidade 75
Capítulo 8: Divertindo-se: Recreação 81
Capítulo 9: Falando ao Telefone 89
Capítulo 10: No Escritório e Pela Casa 97

Parte III: Francês para Viajar ***107***

Capítulo 11: Dinheiro, Dinheiro, Dinheiro 109
Capítulo 12: Onde é o Louvre? Pedindo Orientações 119
Capítulo 13: Ficando em um Hotel 129
Capítulo 14: Transporte 137
Capítulo 15: Viagem ao Exterior 153
Capítulo 16: Lidando com Emergências 165

Parte IV: Apêndices ***173***

Apêndice A: Lista de Verbos 175
Apêndice B: Minidicionário 187
Apêndice C: Sobre o Áudio 205

Introdução

À medida que a sociedade fica cada vez mais internacional, saber como dizer pelo menos algumas palavras em outros idiomas torna-se cada vez mais útil. Passagens aéreas baratas tornam a viagem para o exterior uma opção mais real. Os ambientes de negócios globais exigem viagens ao exterior. Você pode simplesmente ter amigos e vizinhos que falam outros idiomas ou pode querer entrar em contato com seu passado, aprendendo um pouco do idioma que seus antepassados falavam.

Seja qual for sua razão para querer aprender francês, o livro *Francês Para Leigos Edição de Bolso* poderá ajudar. Dois especialistas em ajudar os leitores a desenvolver conhecimento – Berlitz, especializado no ensino de línguas estrangeiras; e a série de Best-sellers Para Leigos – uniram-se para produzir um livro que fornece as habilidades necessárias para uma comunicação básica em francês. Não estamos prometendo fluência aqui, mas se você precisa do básico, como cumprimentar alguém, comprar uma passagem ou pedir um menu em francês, o livro Francês Para Leigos é tudo o que você precisa.

Este livro foi criado para dar prazer a você e conduzi-lo em direção ao sucesso quase sem esforço. Esta é uma edição reduzida da obra Francês *Para Leigos*. Naturalmente, você terá que estar atento, mas saiba que suas dificuldades serão trabalhadas gradualmente, em pequenas doses.

Agora, é hora de se divertir: C'est la récréation.

Sobre Este Livro

Esta não é uma aula para a qual você precisa se arrastar duas vezes por semana por um período específico de tempo. Você pode usar o *Francês Para Leigos* como quiser. Leia este livro em seu próprio ritmo: você não precisa se arrastar pelos capítulos seguindo a ordem; simplesmente leia as seções que o interessam.

Nota: Se você nunca estudou francês antes, talvez seja melhor ler os capítulos da Parte I antes de lidar com os capítulos posteriores. Ela fornece o básico necessário para você conhecer a língua, como, por exemplo, como pronunciar vários sons.

Convenções Usadas Neste Livro

Para facilitar a leitura do livro, estabelecemos que:

- Os termos em francês estão em **negrito** para destacá-los.
- As pronúncias definidas em *itálico* seguem os termos franceses.
- O som nasal é indicado por um N maiúsculo.

Aprender um idioma é uma coisa peculiar, portanto, este livro inclui alguns elementos que outros livros da *Para Leigos* não possuem. São eles:

- **Diálogos Tendo uma Conversa:** O melhor modo de aprender um idioma é lendo e ouvindo como ele é empregado na conversa; portanto, incluímos diálogos em todo o livro, sob o cabeçalho "Tendo uma Conversa", com a pronúncia e a tradução em português.
- **Quadros Palavras a saber:** Memorizar as palavras-chave também é importante no aprendizado do idioma; portanto, algumas palavras importantes estarão em um quadro de giz, com o cabeçalho "Palavras a saber".
- **Atividades Diversão e jogos:** Para praticar suas novas habilidades no idioma, poderá usar as atividades Diversão e Jogos que podem também medir o seu progresso.

Observe também que as traduções em português que fornecemos para os termos franceses podem não ser exatamente literais. Por exemplo, a frase **C'est normal** (cé normale) pode ser traduzida literalmente como "É normal", mas a frase realmente significa "Não é grande coisa". Este livro fornece a tradução "Não é grande coisa".

Penso que...

Tivemos que fazer algumas suposições sobre quem você é e o que deseja de um livro chamado *Francês Para Leigos*. Pensamos que:

- Você não conhece nada de francês – ou se estudou francês na escola, não lembra sequer uma palavra.
- Você não está procurando um livro que irá torná-lo fluente em francês; apenas quer saber algumas palavras, frases e construções de modo que possa comunicar informações básicas em francês.
- Você não deseja ter que memorizar longas listas de vocabulário ou muitas regras gramaticais chatas.
- Você deseja se divertir e aprender um pouco de francês ao mesmo tempo.

Se essas afirmativas se aplicam a você, você acaba de encontrar o livro certo!

Ícones Usados Neste Livro

Para tornar certos tipos de informação mais fáceis de encontrar, colocamos os seguintes ícones nas margens esquerdas:

DICA: Este ícone destaca as dicas que podem tornar o aprendizado de francês mais fácil.

LEMBRE-SE: Este ícone indica informações interessantes que você não deve esquecer.

CUIDADO!: Para ajudar a evitar gafes linguísticas, gramaticais e culturais, usamos este ícone.

Os idiomas estão repletos de peculiaridades que poderão enganá-lo se você não estiver preparado para elas. Este ícone aponta para as análises dessas regras gramaticais estranhas.

Se você estiver procurando informações e conselhos sobre cultura e viagem, procure estes ícones. Eles chamam sua atenção para coisinhas interessantes sobre os países nos quais o francês é falado.

Este símbolo marca os diálogos que você pode ouvir nas faixas de áudio que podem ser encontradas no site www.altabooks.com.br ao buscar pelo título desta obra.

De Lá para Cá, Daqui para Lá

Aprender um idioma é mergulhar e experimentar (não importa se sua pronúncia é ruim no início). Portanto, mergulhe fundo! Comece pelo capítulo que o interessa mais ou ouvindo o áudio. Logo você será capaz de responder: "Oui!", quando as pessoas perguntarem: "Parlez-vous français?".

Parte I

Iniciando

A 5ª onda por Rich Tennant

"Olha só aqui. É uma escola de idiomas que ensina a falar francês por R$ 500,00, ou por R$ 200,00 eles ensinam apenas o sotaque."

Nesta parte...

É preciso começar por algum lugar, mas apostamos que você sabe muito mais francês do que pensa. Não acredita? Então, confira o Capítulo 1. Nos Capítulos 2 e 3, veja algumas informações gramaticais básicas que você precisa absorver.

Mas não se preocupe: tudo é pura diversão.

Capítulo 1

Você Já Sabe um Pouco de Francês

Neste Capítulo

- Reconhecendo o francês que você já sabe
- Abrindo a boca: Pronúncia básica

Este capítulo permite que você dê os seus primeiros passos. Começaremos mostrando como o francês e o português são parecidos.

O Francês Que Você Sabe

Muito do vocabulário português possui a mesma origem que o francês. Sendo assim, você já sabe uma quantidade impressionante de francês, mesmo que não perceba isso. É isso que você descobrirá neste capítulo.

Bons aliados – bons alliés (boNzaliê)

A seguinte lista mostra as palavras que são parecidas – e têm o mesmo significado – em francês e em português.

art (ar)
brave (brav)
bureau (byrô)
client (cliaN)
concert (coNcér)
radio (radiô)
répétition (repeticioN)
restaurant (restôrraN)
rose (rôse)
route (rute)

condition (coNdicioN)
content (coNtaN)
courage (currage)
culture (cultyr)
différent (diferaN)
excellent (ekscelaN)
garage (garrage)
important (ãNportaN)
journal (jurnal)
moment (momaN)
nation (nacioN)
possible (possible)
principal (prãNcipal(e))
probable (probable)
question (kestioN)
science (ciaNce)
secret (secré)
service (servíce)
signal (sinhal(e))
silence (silaNce)
solitude (solityde)
sport (spór)
station (stacioN)
statue (staty)
suggestion (sygestioN)
surprise (syrprise)
taxi (taxí)
tennis (tenís)
train (trãn)
urgent (yrjaN)
violet (violé)

Falsos amigos – faux amis

As palavras a seguir parecem palavras portuguesas, mas não têm o mesmo significado:

- **assister** *(assistê)*: Esta palavra significa "atender" (Quando o verbo estiver no sentido de prestar socorro, acudir), não "ajudar". A palavra francesa para "ajudar" é **aider** *(é dê)*.
- **attendre** *(atandre)*: Esta palavra significa "esperar", não "atender". A palavra francesa para "atender" é **assister à** *(assistê a)*.
- **rester** *(restê)*: Esta palavra significa "ficar ou permanecer" não "restar". A palavra francesa para "restar" é **manquer** *(man-kê)*.

Primos Próximos

A Tabela 1-1 mostra as palavras que são faladas quase igualmente em francês e em português e têm significados parecidos.

Tabela 1-1 Palavras Parecidas no Significado, Ligeiramente Diferentes na Soletração

Francês	Português
acteur(actér)	ator
adresse (adréss(e))	endereço
allée (alê)	caminho
américain (americãnN)	americano
artiste (artist)	artista
auteur (otér)	autor
banque (baNk)	banco
chèque (chéque)	cheque
classe (class(e))	classe
comédie (comedí)	comédia
congrès (coNgrés)	congresso
démocratie (democrací)	democracia
gouvernement (guvernemaN)	governo
hôtel (hotél)	hotel
leçon (lêçoN)	lição
lettre (létre)	letra
musique (mysiq)	música
mémoire (memoar)	memória
nationalité (nacionalitê)	nacionalidade

Tabela 1-1 (continuação)

Francês	Português
nécessaire (necessér)	necessidade
ordinaire (ordinér)	ordinário
papier (papiê)	papel
potentiel (potaNciel(e))	potencial
problème (problém(e))	problema
poème (poéme)	poema
sénateur (senatér)	senador
tragédie (tragedí)	tragédia
visite (visít)	visita

Tendo uma Conversa

Veja esta conversa entre dois jovens franceses fazendo planos para seu final de semana:

Thomas: **Sylvie, qu'est-ce que tu fais ce week-end?**
Silví, quésce que ty fé cê uikend
Sylvie, o que você fará este final de semana?

Sylvie: **Oh, du shopping probablement. Tu veux venir avec moi?**
Ô, dy shopping probablemaN. Ty vê venir avec moá?
Ah, provavelmente compras. Você quer vir comigo?

Thomas: **OK, cool, et après, on va aller manger dans un fast food.**
Okê, cul, ê apré, oN vá alê maNgê daNzã fést fud
Tudo bem e, depois, a gente vai comer em um fast food.

Sylvie: **J'espère qu'on va trouver un parking!**
J'espér coN va truvê ã parkín
Espero que a gente consiga encontrar uma vaga!

SABEDORIA CULTURAL

Quebec é puro francês

Você pode ficar surpreso quando ouvir quebequenses falarem em francês o que franceses falam em inglês:

- **la fin de semaine** (la fãN de la seméne) weekend (fim de semana)
- **le magasinage** (lê magasinage) shopping (compras)
- **le stationnement** (lê stacionemaN) parking (estacionamento)
- **un hambourgeois** (ã amburgoá) Hamburguer (hambúrguer)
- **un emploi** (ã aNploá) Job (um serviço)

O purismo de Quebec é facilmente explicado:

A proximidade com os Estados Unidos ao sul de sua fronteira, faz a maioria dos sete milhões de habitantes de Quebec, reforçarem sua identidade cultural francesa e é uma proteção contra a poderosa presença de 300 milhões de pessoas falando inglês ao redor.

Abrindo a Boca: Pronúncia Básica

LEMBRE-SE

Antes de você poder se divertir com um jogo, assistindo ou participando, é preciso entender suas regras básicas. Adquirir outro idioma não é diferente. Assim que você dominar essas regras de pronúncia, precisará praticar sempre que tiver uma oportunidade. Sua melhor aposta é simplesmente ouvir e repetir sempre, não importa o quanto possa parecer chato.

Alfabeto francês

O alfabeto francês tem a mesma quantidade de letras do alfabeto português – 26. Como você já sabe, muitas letras são pronunciadas de modo diferente.

Faixa 1

A primeira faixa de áudio fornece todos os sons do alfabeto francês.

A Tabela 1-2 lista as letras e sua pronúncia, a que você pode achar útil consultar, por exemplo, se tiver que falar seu nome ao telefone ou anotar um endereço. Sempre que possível, haverá uma referência a uma palavra em português nessa tabela para que você possa ter uma boa ideia do modo como a letra é pronunciada. Naturalmente, nem sempre é possível porque, mesmo que muitos sons sejam mais ou menos iguais em francês e em português, alguns sons franceses não existem em português, o que não significa que você não possa pronunciá-los. Leia as próximas seções para obter ajuda e dicas.

Tabela 1-2 Alfabeto francês

Letra	Som	Como em português
a	a	carta
b	bê	bebê
c	cê	cera
d	dê	dever
e	ê	elefante
f	éfe	chefe
g	gê	garfo
h	áche	haver
i	i	iglu
j	ji	joelho
k	ka	carro
l	éle	elegante
m	eme	mala
n	ene	nada
o	o	rosado
p	pê	papel

Tabela 1-2 (continuação)

Letra	Som	Como em português
q	ki	queijo
r	er	errado
s	éss(e)	selo
t	tê	tomar
u	y	iogurte
v	vê	vida
w	dublevê	_
x	iks	tórax
y	igrec	ligar
z	zéd	zebra

Sons das vogais

Os sons das vogais são os mais difíceis de pronunciar em francês. São mais curtos que em português e geralmente terminam em uma sílaba. Quase todas elas têm um equivalente em português. Veja a Tabela 1-3.

Tabela 1-3 Sons da vogal em francês

Som	Falado	Como em português	Palavra francesa
a	a,â	carta	**la tasse** (la tace) (a xícara)
ê	e, eu	pequeno	**le petit** (l(e) p(e)tí) (pequeno)
e	é, ez, er, et	mesa	**les cafés** (le cafê) (cafeteria)
é	è, ê, ai	até	**la mère** (la mér) (mãe)
i	i, y	iglu	**vite** (víte) (rápido)
ô	o, ô, ai, ear	bolo	**l'eau** (lô) (água)

Tabela 1-3 (continuação)

Som	Falado	Como em português	Palavra francesa
ó	o	adoro	**la pomme** (la pome) (maçã)
u	ou	muro	**l'amour** (l'amur) (amor)
uá	oi, oy	uai	**la soie** (lá suá) (seda)
y*	y		**salut** (salyt) (olá)

* O som y, representado em francês pela letra u não existe em português, mas não é difícil de pronunciar. Eis um pequeno truque para ajudá-lo. Diga i; a ponta da sua língua fica no dente inferior da frente. Mantendo esta posição, arredonde os lábios e o som que sai de sua boca é... o y francês ***(u)***.

Capítulo 2

O Xis da Questão: Gramática Francesa Básica

Neste Capítulo

- Construindo sentenças simples
- Um modo fácil para formar perguntas
- Apresentando verbos regulares e irregulares
- Conjugando verbos nos tempos simples: passado, presente e futuro
- Conhecendo "você": A questão do tu/vous
- Contando seus dedos das mãos e dos pés (1-20)

Em nossa vida diária, **bien sûr et heureusement** (biãN syr ê êrrêzemaN) (claro e felizmente), falamos sem pensar nas regras gramaticais que estruturam nosso discurso. Obviamente, você não se importa e consulta uma gramática em todas as ocasiões da vida, embora ainda seja capaz de dizer mais ou menos tudo o que deseja. Na verdade, **en réalité** (aN realitê), você nem mesmo sabe a palavra gramática até ir à escola. Portanto, em vez de adotar uma abordagem de livro escolar, este capítulo torna as seguintes regras gramaticais francesas tão naturais quanto colocar um pé na frente do outro ao caminhar.

Construção Simples de Sentenças

Uma construção de sentença simples (em francês ou em português) consiste em um substantivo, adjetivo, verbo e, possivelmente, advérbio.

Substantivos

Os substantivos franceses quase sempre são precedidos de artigos – pequenas palavras como "o/a" ou "um/uma" em português – que marcam o gênero e o número dos substantivos. A melhor maneira de se acostumar com o gênero certo de um substantivo em francês é tentar lembrar do artigo junto com o substantivo. Em outras palavras, nunca memorize um substantivo sem seu marcador. Ao invés de **table** (table) (mesa), diga para si mesmo **la table** (la table) (a mesa) ou **une table** (yne table) (uma mesa). Ao invés de **livre** (livre) (livro), pense em **le livre** (l(e) livre) (o livro) ou **un livre** (ã livre) (um livro). O Capítulo 5 examinará a questão do gênero com mais detalhes.

Enquanto em português o plural dos substantivos nem sempre é marcado por um artigo, por exemplo, "uma mesa" torna-se, às vezes, "mesas" no plural, em francês o artigo masculino para "o", **le** (l(e)) e o feminino "a", **la** (lá) tornam-se **les** (le) no plural. O artigo masculino para "um", **un** (ã) e o feminino "uma", **une** (yne) tornam-se **des** (de). **Le livre** (l(e) livre) (o livro) torna-se **les livres** (le livre) (os livros) e **une table** (yne table) (uma mesa) torna-se **des tables** (de table) (mesas).

Adjetivos

Os adjetivos descrevem os substantivos. Como os substantivos franceses têm gênero e número, qualquer adjetivo tem que combinar com os substantivos que qualificam em gênero e em número. Lembre-se também de que, em francês, alguns adjetivos são colocados antes do substantivo, ao passo que outros, depois do substantivo (mais no Capítulo 12). Por exemplo:

- **le papier blanc** *(l(e) papiê blan)* (o papel branco)
- **la grande maison** *(la grand méson)* (a grande casa)
- **les feuilles vertes** *(le féi vért)* (as folhas verdes)
- **les petits oiseaux** *(le p(e)tízoasô)* (os passarinhos)

Verbos

Um verbo expressa uma ação ou um estado de ser. Essa ação tem um sujeito (como, por exemplo, uma pessoa que age ou a coisa ou ideia que existe). Esse sujeito pode ser um substantivo (como em, "A folha cai") ou um pronome (como em, "Eles cantam"). Como em português, você faz o verbo concordar com o sujeito. Uma sentença simples seria:

Les petits oiseaux chantent.
le p(e)tízoasô chaNt.
Os pequenos passarinhos cantam.

A Parte II cobre com mais detalhes como conjugar verbos – ou seja, fazer o verbo combinar com o sujeito.

Advérbios

Um advérbio é uma palavra que modifica (descreve) um verbo, adjetivo ou outro advérbio. Em português, a maioria dos advérbios termina em **mente**, como em "Por favor, fale lentamente". Em francês, os advérbios terminam em **ment**. Portanto, a mesma sentença seria: **"Parlez lentement, s'il vous plaît"** (parlê laNtemaN sil vu plé).

A mesma sentença agora está completa e é lida assim:

Les petits oiseaux chantent joyeusement.
le p(e)tízoasô chaNt joaesemaN
Os passarinhos cantam alegremente.

Coisas em Francês tão Fáceis Quanto em Português

Acredite se quiser, algumas questões gramaticais em francês são tão fáceis quanto em português. Um bom exemplo disso é o modo como você pode fazer perguntas.

- O modo mais fácil, claro, é usar a entonação elevando a voz no final de sua sentença.

- **Vous avez un ticket?** *(vuzavê ã tíquá)* (Você tem um bilhete?)
- Outro modo fácil é adicionar **est-ce que** *(ésce quê)* no início de sua frase.
- **Est-ce que vous avez un ticket?** *(ésce quê vuzavê ã tíqué)* (Você tem uma passagem?)

Note que essas formas fáceis de perguntar são válidas, não importando o tempo do verbo: presente, passado ou futuro.

No entanto, observe que se uma palavra começar com uma vogal seguida de **est-ce que** (ésce quê), ela se tornará: **est-ce qu'** (ésce q). Por exemplo:

- **Est-ce qu'elle a un ticket?** *(ésce quéle a ã tíqué)* (Ela tem um bilhete?)
- **Est-ce qu'il fait chaud?** *(ésce quil fé chô)* (Faz calor?)

Verbos Regulares e Irregulares

Em francês, como em português, a forma verbal que não tem marcação para indicar um sujeito ou tempo verbal (passado, presente, futuro) para a ação é chamada de forma infinitiva. Por exemplo, os infinitivos portugueses terminam em r, como em ar/er/ir. Em francês, os infinitivos terminam em -er, -ir ou -re: **aller** (alê) (ir), **parler** (parlê) (falar), **finir** (finír) (terminar), **être ou ne pas être** (étre u nê pas étre) (ser ou não ser), e os verbos são regulares ou irregulares em suas conjugações, como no português.

Os verbos regulares seguem um padrão comum. Por exemplo, em português, o radical do verbo amar é falado igualmente, seja qual for o sujeito (eu, tu, ele, nós etc.):

Eu amo, tu amas, ele ama, nós amamos, vós amais, eles amam.

Amar é um verbo regular em português porque muitos verbos portugueses seguem esta mesma conjugação.

Mas o verbo ser é irregular. A forma do verbo depende do sujeito:

Eu **sou**, tu **és**, ele **é**, nós **somos**, vós **sois**, eles **são**

Verbos regulares

Em francês, os verbos regulares pertencem a dois grandes grupos que são determinados pelo final de seu infinitivo:

- O maior grupo, cujo infinitivo termina em **-er**: achet**er** *(achtê)* (comprar), chan**ter** *(chaNtê)* (cantar), parl**er** *(parlê)* (falar), donn**er** *(donê)* (dar)
- O grupo cujo infinitivo termina em **-ir**, tal como: fin**ir** *(finir)* (terminar), chois**ir** *(choasír)* (escolher)

Todos esse verbos são regulares em francês no sentido em que seguem um padrão definido pertencendo a cada família, e, dentro dessa família, são conjugados do mesmo modo com a mesma terminação, dependendo do sujeito e dos tempos verbais.

Verbos irregulares

Os verbos irregulares são um terceiro grupo no qual as formas dos verbos não seguem o padrão regular. Você tem que fazer um esforço especial para saber as conjugações desses verbos de cabeça.

Os mais importantes são os seguintes.

- **être** *(étre)* (ser/estar)
- **aller** (allê) (ir)
- **avoir** *(avoár)* (ter)

Eles não só são usados em muitas expressões, como também servem como verbos auxiliares – compondo os tempos verbais passados. E aqui estão outros que você poderá usar com frequência:

- **faire** *(fér)* (fazer)
- **venir** *(venír)* (vir)

- **pouvoir** *(puvoár)* (poder)
- **savoir** *(savoár)* (saber)
- **prendre** *(praNdre)* (pegar)
- **écrire** *(ecrir)* (escrever)

Tempos Verbais Simples: Passado, Presente e Futuro

Os tempos verbais denotam o período de tempo no qual ocorre a ação. Portanto, se você quiser expressar uma ação ou um estado que ocorre no presente, usará o presente. Se não tiver acontecido ainda, usará o futuro. E se ocorreu no passado, usará o passado.

Há vários modos de expressar o tempo passado em francês, porém o mais simples e comum é **le passé composé** (l(e) passê coNposê). A palavra **composé** (composto) significa que algo é composto por mais de um componente. Portanto, para esse tempo verbal, você usará duas partes: um verbo auxiliar (como, por exemplo, **avoir** ou **être**) e o particípio passado do verbo da ação (a forma que em português termina em -ado). Exemplos:

J'ai chanté. (*je chaNtê*) (eu cantei)
Il est parti. (*ilé partí*) (ele partiu)

No futuro, os verbos no francês ficam parecidos com os verbos em português. Exemplo:

Sylvie voyagera demain (silví va voaiagêerá demãN)

(Sylvie viajará amanhã)

Para dar uma idéia de como é um verbo regular nesses tempos verbais simples, a seguinte lista mostra como conjugar o verbo **parler** (parlê) (falar) com os pronomes sujeitos eu, **tu** e **ele/ela**.

Présent (presaN)

Je parle (j(e) párl(e))

Vous parlez (vu parl ê)

Il/elle parle (il/éle párl(e))

Passé composé (passê composê)

J'ai parlé (je parlê)

Vous avez parlé (vuzavê parlê)

Il a parlé / elle a parlé (ila parlê / éle a parlê)

Futur (fytyr)

Je parlerai (j(e) parleré)

Vous parlerez (vu parlerê)

Il/elle parlera (il/éle va parlerá)

Agora, você pode dizer com orgulho: **Bientôt, je vais parler français** (biantô j(e) vé parlê francé) (Logo, vou falar francês)

A Questão do Tu/Vous

O modo usado para se dirigir a alguém em francês depende de como você conhece a pessoa. Uma pessoa que você encontra pela primeira vez (a menos que seja uma criança) espera que você se dirija a ela usando o **vous** mais formal – uma forma polida e respeitável do você em português. Não use primeiro o **tu** informal e amistoso; assim, você evitará cometer erros de etiqueta.

Números

Como você está apenas começando a memorizar algumas coisas em francês, poderá ficar contente em contar até 20.

1. **un** (ã)
2. **deux** (dê)
3. **trois** (troá)
4. **quatre** (catre)
5. **cinq** (çãnq)
6. **six** (siz)
7. **sept** (sét)
8. **huit** (yit)
9. **neuf** (néf)
10. **dix** (diz)
11. **onze** (onz(e))
12. **douze** (dúz(e))
13. **treize** (tréz(e))
14. **quatorze** (catórz(e))
15. **quinze** (cãnz(e))
16. **seize** (sézi)
17. **dix-sept** (diz sét)
18. **dix-huit** (dizyít)
19. **dix-neuf** (diz néf)
20. **vingt** (vãn)

Capítulo 3

Bonjour! Olá! Saudações e Apresentações

Neste Capítulo

- Cumprimentando e dirigindo-se às pessoas
- Sendo formal ou informal
- Apresentando-se aos amigos
- Estando lá: **être** *(étre)* (ser/estar)
- Falando sobre cidades, países e nacionalidades

As saudações são o primeiro contato com alguém e você poderá usá-las em várias ocasiões para começar a conhecer as pessoas.

Dizendo Olá e Adeus

Quando você está visitando um país diferente, os habitantes locais geralmente gostam de seu esforço para falar o idioma, mesmo que sejam umas poucas palavras. Não há nada mais fácil do que dizer olá em qualquer idioma. Na verdade, a língua francesa tem um ditado, ao se referir a algo que é realmente fácil: **"C'est simple comme bonjour** *(cé sãNple come boNjur)* (É tão fácil quanto dizer bom dia). Portanto, vá em frente, pratique estas poucas saudações e você se sairá bem.

Eis alguns exemplos de olás e adeus comuns:

- **Bonjour** *(boNjur)* (Bom dia): Inicia os diálogos, como "olá!".

- **Bonsoir!** *(boNsoár)* (Boa noite!): É usada no final da tarde e à noite para dizer olá ou adeus.
- **Salut!** *(saly)* (Oi!): Este é o mais informal dos olás e também uma maneira de dizer adeus; pode ser usado a qualquer hora, mas não com qualquer pessoa. Falamos dele na seção "Sendo formal ou informal".
- **Au revoir!** *(o revuár)* (Adeus!): Assim como seu correspondente em português, aplica-se a qualquer hora do dia e da noite.
- **Bonne nuit!** *(bone nyí)* (Boa noite!): Diga isto apenas ao se retirar (ou quando alguém se retira) à noite. Pode ser comparado a dizer "durma bem".
- **A bientôt!** *(a biãNtô)* (Até logo!): Significa até qualquer hora, até breve.
- **A tout à l'heure!** *(a tuta lér)* (Vejo você depois!): Use isto apenas se for ver a pessoa no mesmo dia.
- **A demain!** *(a demãN)* (Vejo você amanhã!)
- **Bonne journée!** *(bóne jurnê)* (Tenha um bom dia!)

Sendo Formal ou Informal

Em geral, use o **vous** formal ao se dirigir a alguém que você nunca encontrou, alguém superior ou uma pessoa mais velha. Quando conhecer melhor essa pessoa, os dois poderão mudar para **tu**. Você diz **tu** para uma pessoa jovem, criança ou animal. Essas são as regras gerais, mas o ambiente no qual você se encontra determina a forma de se dirigir. Agora, e a saudação **Salut**, a mais informal de todas? Qual forma do pronome "você" você acha que o francês usa? **Tu**, claro! A forma **vous** é usada para se dirigir a uma pessoa em um nível formal, mas também é uma forma plural usada para se dirigir a qualquer quantidade de pessoas, formal ou informalmente.

Tendo uma Conversa

Faixa 2

Eis dois diálogos, o primeiro (formal) entre um lojista, Monsieur Martin (messiê martãN) e sua cliente, Madame Leblanc (madáme l(e)blaN), o segundo entre dois adolescentes amigos, Catherine (caterrine) e Michel (Michele).

Madame Leblanc está fazendo suas compras diárias de alimentos e entra no açougue de Monsieur Martin:

M. Martin: **Bonjour, Madame Leblanc. Comment allez-vous?**
boNjur madáme l(e)blaN, comaNtalê vu
Olá, Sra. Leblanc. Como vai você?

M. Leblanc: **Très bien, merci, et vous?**
tré biaN, mérci ê vu
Muito bem, obrigada e você?

M. Martin: **Ça va bien, merci.**
Ça va biãN, mérci
Estou bem, obrigado.

Depois de Madame Leblanc ter comprado seu **biftek** (bif téc) (bife), ela se prepara para sair do açougue:

M. Martin: **Au revoir, Madame Leblanc. Bonne journée.**
o revuár madáme l(e)blaN, bone jurnê
Adeus, Sra. Leblanc. Tenha um bom dia.

M. Leblanc: **Au revoir, monsieur.**
o revuár messiê.
Adeus, senhor.

Agora, repita as frases fazendo as apresentações. Catherine e Michel são adolescentes. Ouça-os se cumprimentando.

Catherine: **Salut, Michel. Comment ça va?**

saly michéle, comaN ça vá
Olá, Michel. Como vai?

Michel:	**Pas mal. Et toi?** pá mál(e) ê toá Nada mal. E você?
Catherine:	**Oh, ça va...** ô ça vá Ah, estou bem.

Os franceses são latinos. Mesmo que não falem com suas mãos tanto quanto os italianos (pelo menos, este é o estereótipo), a fala corporal é muito importante. Por exemplo, eles têm diferentes modos de dizer **Ça va** *(ça vá)* (estou bem). Você pode dizer com um grande sorriso ou com um rosto triste, e a pessoa com a qual está falando poderá entender o significado a partir de seu rosto, em vez de suas palavras.

Apresentando-se e Apresentando outras Pessoas

A finalidade desta seção é ajudá-lo a se apresentar e descobrir quais são os nomes das pessoas. Você pode empregar uma destas frases:

Je m'appelle... *(j(e) mapél(e))* (Meu nome é...)

Je suis... *(j(e) syí)* (Eu sou...)

Facile, non? *(facile non)* (fácil, não é?). Por enquanto, isso resolverá seu caso. Mas você pode querer saber quem é aquela pessoa lá do outro lado. Portanto, você pergunta:

Qui est-ce? *(qui ésce)* (quem está aí?)

e você recebe a seguinte resposta:

C'est... *(cé)* (É...)

Agora, suponha que você queira apresentar alguém. Você diz:

Je vous présente... *(j(e) vu presaNt)* (Deixe-me apresentar... a você) ou com a variação informal em **tu**:

Je te presente... *(jê tê presaN)* (Deixe-me apresentar... a você)

ou também:

Voici.../Voilà... *(voací/voaLá)* (Aqui está.../ Lá está...)

e a outra pessoa, então, diz:

Enchanté! (homem)/**Enchantée!** (mulher) *(aNchaNtê)* Encantado(a)!)

Entre jovens, você poderá ouvir:

Comment tu t'appelles? *(comaN ty tapél(e))* (Qual o seu nome?) [informal]

Et lui, qui est-ce?/Et elle, qui est-ce? *(ê lyi qui ésce/ê éle qui ésce)* (E quem é ele?/E quem é ela?)

Tendo uma Conversa

Faixa 3

Marc Sauval (marc sovál(e)), um homem de negócios de Quebec, encontra sua parceira francesa, **Claire Rivet** (clér rivê), pela primeira vez. Veja como ele se apresenta.

Marc: **Bonjour, madame. J(e) m'appelle Marc Sauval.**

boNjur madáme, jê mapéle marc soval(e)

Olá, senhora. Meu nome é Marc Sauval.

Claire: **Ah, monsieur Sauval. Je suis Claire Rivet. Enchantée! Comment allez-vous?**

ah messiê soval(e) j(e) syí clér rivê, eNchaNtê, comaNtalê vu

Ah, Sr. Sauval. Sou Claire Rivet. Prazer em conhecê-lo! Como vai o Sr.?

Marc: **Très bien, merci.**

tré biaN, mérci.

Muito bem. Obrigado.

Faixa 4

Mais tarde, à noite, Claire convidou Marc e sua esposa para irem a um restaurante. Marc apresenta sua esposa:

Marc: **Madame Rivet, je vous présente ma femme, Christine.**

madáme rivê jê vu presaNt ma fáme cristine

Sra. Rivet, deixe-me apresentar-lhe minha esposa, Christine.

Claire: **Enchantée, madame!**

aNchaNtê madáme

Encantada, senhora!

Christine: **Enchantée!**

aNchaNtê

Encantada!

Estar Lá: Être (Ser/Estar)

Depois de você ter encontrado novas pessoas, se apresentado e aprendido seus nomes, poderá querer saber de onde elas são (qual cidade, qual país) e sua nacionalidade. Para tanto, precisa estar familiarizado com um verbo muito útil: **être** *(étre)* (ser/estar). (Consulte o Capítulo 2 para obter instruções gerais sobre os verbos franceses.) Como em português, você usa o verbo "ser/estar" para se descrever, dizer onde está e explicar de onde é. Assim como em português, esse verbo é irregular e reconhecidamente um pouco difícil, mas é muito importante e, geralmente, tão usado que vale a pena se esforçar para memorizar todas as suas formas e praticá-lo sempre para que se torne um hábito. Portanto, **allons-y!** *(aloNzí)* (vamos) – a seguinte tabela mostra a conjugação do tempo presente do verbo **être** (étre) (ser/estar):

Conjugação	Pronúncia
Je suis	j(e) syí
Tu es	ty é
Il/elle est	il/éle é

Nous sommes	nu sóm(e)
Vous êtes	vuzéte
Ils sont	il soN
Elles sont	éle soN

Em caso de dúvidas acerca do uso de "você" informal ou formal, consulte a seção deste capítulo chamada "Sendo formal ou informal".

Em francês, a pergunta é literalmente "De onde você é?". Note que **de** torna-se **d'** na frente de uma vogal, como neste exemplo:

D'où êtes-vous? *(Dú éte vu?)* (De onde você é?)

Para saber mais, consulte a seção sobre **l'élision** (elisão) no Capítulo 1.

Agora, se você ouvir a seguinte pergunta:

D'où êtes-vous? ou **D'où es-tu?** *(du éte vu)* ou *(du é ty)* (De onde você é?) [formal ou informal]

Poderá responder com uma destas opções, por exemplo:

Je suis de New York. Et vous? *(j(e) syí d(e) niu iorq ê vu)* (Eu sou de Nova York. E você?)

Nous sommes de Paris. *(nu sóm(e) d(e) parrí)* (Nós somos de Paris).

Est-ce que Paris est une grande ville? *(ésce quê parrí étyne graNd vile)* (Paris é uma grande cidade?)

Do mesmo modo,

Vous venez de Belgique. *(vu venê d(e) belgíque)* (Você vem da Bélgica.)

torna-se

Est-ce que vous venez de Belgique? *(ésce quê vu venê d(e) belgíque)* (Você vem da Bélgica?)

Para tornar uma frase negativa, o francês emprega um par de palavras para marcar a negação. Basta colocar **ne** *(n(e))* na frente do verbo e **pas** *(pá)*, depois. Por exemplo:

Como referência, a seguinte tabela mostra o tempo presente do verbo **venir** *(vênír)* (vir):

Conjugação	*Pronúncia*
Je viens	j(e) viãN
Tu viens	ty viãN
Il/elle vient	il/éle viãN
Nous venons	nu venoN
Vous venez	vu venê
Ils viennent	il viéne
Elles viennent	éle vién(e)

Descrevendo Cidades

Suponha que você queira conversar mais com uma pessoa que está viajando como você. E a cidade da qual ele ou ela vem: É grande, pequena, bonita, internacional ou...?

- **De quelle ville êtes-vous?** *(d(e) quéle vile éte vu)* (De qual cidade você é?)
- Ou **De quelle ville es-tu?** *(d(e) quéle vile é ty)*, que é, como você adivinhou, a forma informal da frase acima.
- **Où est Montréal?** *(u é moNrrêal)* (Onde é Montreal?)
- **Comment est Montreal/Bruxelles/Paris?** *(comaN é moNrrêal/brycséle/parrí)* (Como é Montreal/Bruxelas/Paris?)
- **Est-ce que c'est une petite ville?** *(ésce qu(e) cétyne p(e)tit vile)* (É uma cidade pequena?)

E aqui estão algumas possíveis respostas:

- **Montréal est une ville internationale.** *(moNrrêal étyne vile ãNternacionál(e))* (Montreal é uma cidade internacional.)
- **C'est au Canada.** *(cétô canadá)* (É no Canadá.)
- **Ce n'est pas une petite ville; c'est une très grande ville.** *(cê né pas yne petite vile; cétyne tré graNd vile.)* (Não é uma pequena cidade; é uma cidade muito grande.)
- **Elle ne s'appelle pas Claire.** *(éle n(e) sapél(e) pa clér)* (Seu nome não é Claire.)
- **New York n'est pas une petite ville.** *(niu iorq né pás yne p(e)tite vile)* (Nova York não é uma pequena cidade.)

Diversão & Jogos

Eis uma lista de palavras que ficaram perdidas. Veja se você pode colocá-las de volta onde pertencem no texto e no diálogo abaixo.

(elle – je – m'appelle – l'anglais – grande – femme)

Bonjour, je __________ Pierre Lanvin. __________ suis de Marseille. C'est une __________ ville française. Ma __________ s'appelle Monique et __________ est canadienne. Je parle le français, bien sûr et aussi un peu__________ .

Respostas: **m'appelle – je – grande – femme – elle – l'anglais**

Agora, preencha as palavras que faltam neste diálogo entre uma mulher idosa e um garoto adolescente com uma menina adolescente.

(voici – vient – bien – ça va – parles – toi)

- Bonjour, madame Legrand. Comment __________?

- Ça va bien, merci Denis. Et __________, comment vas-tu?

- Ça va, merci. Madame Legrand, __________ Lucy. Elle ______ des États-Unis.

- Oh, bonjour Lucy. Alors tu __________ français?

- Pas très __________, madame.

Respostas: **ça va — toi – voici – vient – parles – bien**

Parte II

Francês em Ação

A 5ª onda por Rich Tennant

Nesta parte...

Apresentamos o francês no contexto cotidiano. Mostramos como manter conversas casuais, como fazer o pedido em um restaurante francês, como comprar, como se comunicar com os colegas de trabalho e muito, muito mais. Além disso, acrescentamos também um pouco de gramática às lições para ajudá-lo.

Capítulo 4

Conhecendo Você: Conversando Sobre Amenidades

Neste Capítulo

- Tendo uma pequena conversa em todos os tipos de situações
- Lendo vários diálogos situacionais
- Conjugando o verbo **aller** *(alê)* (ir)
- Conhecendo mais números

Amenidades geralmente surgem no início de uma conversa com um estranho que você acabou de encontrar, depois de se apresentarem e descobrirem de onde cada um veio. Elas permitem que você seja vago, se desejar, e trocar perguntas e respostas simples.

Fazendo Perguntas-Chave

Para iniciar uma conversa em qualquer idioma, você tem que empregar algumas palavras-chave para perguntas. Veja as básicas usadas em francês:

- **Qui?** *(qui)* (Quem?)
- **Qu'est-ce que?** *(quésce qu(e))* (O que?)
- **Où?** *(u)* (Onde?)
- **Quand?** *(caN)* (Quando?)
- **Pourquoi?** *(purcuá)* (Por quê?)
- **Comment** *(comaN)* (Como?)
- **Combien?** *(combiãN)* (Quanto?)
- **Quel/Quelle?** (masc. e femin.) *(qu/éle)* (Qual?)

Eis alguns exemplos de como usar estas palavras para fazer perguntas em francês em frases simples – você também pode usar algumas delas sozinhas às vezes – exatamente como em português.

- **Qui est-ce?** *(qui ésce)* (Quem é?)
- **Qu'est-ce que tu fais?** *(quésce qu(e) ty fé)* (O que você faz ou está fazendo?)
- **Où habitez-vous?** *(u habitê vu)* (Onde você mora?) [formal ou plural]
- **Quand part l'avion?** *(caN pár lavioN)* (Quando parte o avião?)
- **Pourquoi allez-vous à Paris?** *(purcuá alê vu a parrí)* (Por que você vai a Paris?)
- **Comment s'appelle la petite fille?** *(comaN sapél(e) la p(e)tit fiie)* (Como se chama a garotinha?)
- **Comment s'appelle...?** *(comaN sapél(e))* (Qual é.... nome?)
- **Quel est son prénom?** *(qué lé soN prênoN)* (Qual é seu nome?)
- **Combien coûte le billet?** *(coNbiaN cút l(e) biê)* (Quanto é o bilhete?)
- **Quel hôtel préférez-vous?** *(quéle hotél(e) preferê vu)* (Qual hotel você prefere?)

Você deve adicionar as seguintes sentenças às perguntas mencionadas anteriormente. Essas sentenças são o básico de uma pequena conversa e são indispensáveis quando você é iniciante em uma língua estrangeira:

- **Je ne comprends pas.** *(j(e) n(e) compraN pá)* (Não entendo.)
- **Je ne sais pas.** *(j(e) n(e) sé pá)* (Não sei.)

- **Pardon/Excusez-moi.** *(pardoN/eckysê moá)* (Desculpe)
- **Je suis désolé/désolée.** *(j(e) syí desolê)* (Sinto muito.)

Tendo uma Conversa

Depois de chegar a Paris vindo de Nova York, Amanda Hull pega uma conexão para Nice. Ela está muito cansada porque passou a noite no avião. Desaba no assento e está pronta para adormecer. Mas minutos depois, é acordada com as seguintes palavras:

Patrick Barnet: **Pardon, madame, quel est le numéro de votre place?**
pardoN madáme quélé l(e) nymerô dê vótre pláce
Desculpe, senhora, qual é o número de seu assento?

Amanda Hull: **Je ne sais pas. Attendez! Oh, c'est le 24B; excusez-moi. Je suis désolée.**
j(e) n(e) sé pá ataNdê ô cé l(e) vãN catre bê ekskysê moá jê syí desolê
Eu não sei. Espere! Ah, é o número 24B. Desculpe. Sinto muito.

Patrick Barnet: **Ce n'est pas grave!**
c(e) né pá gráv
Tudo bem.

Faixa 5

Como você deve ter adivinhado, Amanda sentou no assento errado. Ela se desculpa muito e vai para seu lugar, mas agora está bem acordada. Por que não, então, ter uma conversa com o belo rapaz que parece ansioso para conversar? Depois das apresentações usuais, eles continuam a bater papo.

Patrick Barnet: **Où allez-vous?**
u alê vu
Para onde você vai?

Amanda Hull:	**Je vais d'abord à Nice, puis à Toulon voir ma fille.** j(e) vé dabór a nice pyí a tuloN voár ma fiie. Estou indo a Nice primeiro, depois a Toulon visitar minha filha.
Patrick Barnet:	**Vous venez souvent en France?** vu venê suvaN aN fraNc(e) Você vem com frequência à França?
Amanda Hull:	**Oh oui, j'adore la France.** ô uí jadór la fraNc(e) Ah sim, adoro da França.
Patrick Barnet:	**Quand repartez-vous pour les États-Unis?** caN rêpartê vu pur lesetásyní Quando você voltará para os Estados Unidos?
Amanda Hull:	**Dans un mois. Et vous, pourquoi allez-vous à Nice?** daNzãN moá ê vu purcuá alê vu a nice Em um mês. E você, por que está indo a Nice?
Patrick Barnet:	**Pour le travail.** pur l(e) travail A trabalho.

Conversando sobre a Família

Se você quiser falar sobre sua família, precisará conhecer estas palavras comuns:

- **le mari** *(l(e) marrí)* (o marido)
- **la femme** *(la fâm(e))* (a esposa)
- **les parents** *(le paraN)* (os pais)
- **le père** *(l(e) pér)* (o pai)
- **la mère** *(la mér)* (mãe)
- **les enfants** *(lezaNfaN)* (os filhos)

- **le fils** *(l(e) fis)* (o filho)
- **la fille** *(la fíie)* (a filha)
- **le frère** *(l(e) frér)* (o irmão)
- **la soeur** *(la sér)* (a irmã)
- **les petits-enfants** *(le p(e)tizaNfaN)* (os netos)

Tendo uma Conversa

Voltemos ao avião e escutemos Amanda e Patrick, enquanto Amanda fala um pouco sobre sua família:

Faixa 6

Patrick: **Votre fille habite en France?**
vótre fíie habít aN fraNc(e)
Sua filha mora na França?

Amanda: **Oui, son marie est français.**
uí soN marí é fraNcé
Sim, o marido dela é francês

Patrick: **Et vous, êtes-vous française ou américaine?**
ê vu, éte vu fraNcése u amerriqueNe
E você, é francesa ou americana?

Amanda: **Les deux! Mon père est américain et ma mére est française.**
le dê moN pér é amêrriqueN ê ma mér é fraNcése
Ambos! Meu pai é americano e minha mãe é francesa.

Patrick: **Alors vous parlez bien l'anglais et le français?**
alór vu parlê biãN laNglé ê l(e) fraNcé
Então, você fala bem inglês e francês?

Amanda: **Bien sûr et mes enfants aussi.**
biaN syr ê mezaNfaN ossí.
Claro, meus filhos também.

Patrick: **Quelle chance! Moi je parle seulement français.**
quéle chaNce, moá jê párl(e) sélemaN fraNcé
Que sorte! Eu só falo francês.

Conversando Sobre Amenidades no Trabalho

Em francês, quando você menciona sua profissão, basta dizer: **Je suis professeur** *(j(e) sui professér)* (Sou professor) ou **il est ingénieur** *(ilé ãNgeniér)* (ele é engenheiro), sem usar o artigo (**un**) – exatamente como em português. Esta construção é exatamente como dizer: **Je suis petit** *(j(e) sui petí)* (sou pequeno) ou **Il est intelligent** *(ilé ãNt(e)lijaN)* (ele é inteligente).

Tendo uma Conversa

Voltando ao avião, Amanda mostrou a Patrick algumas fotos de sua família e, de repente, percebe que falou muito sobre si mesma, mas não sabe nada sobre ele, exceto que está indo para Nice **pour le travail** (pur lê traváil) (a trabalho).

Amanda:	**Où travaillez-vous?** u travaiê vu Onde você trabalha?
Patrick:	**Mon bureau est à Paris, mais je vais souvent à Nice en voyage d'affaires.** moN byrô é a parrí mé j(e) vé suvaN a nice aN voaiag(e) dafér Meu escritório é em Paris, mas vou com frequência a Nice em viagem de negócios.
Amanda:	**Pour quelle compagnie travaillez-vous?** pur quéle coNpanhí travaiê vu Você trabalha para qual empresa?
Patrick:	**Pour une compagnie d'informatique.** puryne coNpanhí dãNformatiq Para uma empresa de informática.

Amanda:	**C'est une grande compagnie?**
	cétyne graNde coNpanhí
	É uma empresa grande?
Patrick:	**Non, elle est trés petite. Il y a seulement dix employés.**
	nuN éle e tré petite ili a sélemaN dizaNploaiê.
	Não, ela é muito pequena. Há apenas dez funcionários.

Indo para a Cidade com o Verbo Aller

O verbo **aller** *(alê)* – ir – é quase tão importante quanto os verbos **être** *(étre)* (ser/estar) e **avoir** *(avoár)* (ter) (ver Capítulo 3) e é especialmente sorrateiro porque se esconde como um verbo **-er**, mas, de fato, é extremamente irregular. Assim:

Conjugação	*Pronúncia*
Je vais	j(e) vé
Tu vas	ty vá
Il/elle va	il/éle vá
Nous allons	nuzaloN
Vous allez	vuzalê
Ils/elles vont	il/éle voN

Falando sobre o Tempo

Outro ótimo assunto para uma pequena conversa é, claro, **le temps** (l(e) taN) (o tempo). Na verdade, um modo de indicar uma pequena conversa em francês é **parler de la pluie et du beau temps** (parlê de la plyí ê dy bô taN) (Literalmente: falar sobre a chuva e o tempo bom). Nos países de grandes contrastes de tempo, como o Canadá, é um assunto constante de conversas. Em climas mais temperados, como o da França, o tempo ainda é um assunto favorito, especialmente se você quiser reclamar sobre ele. Eis algumas frases úteis:

- **Quel temps fait-il?** *(qué le taN fétil(e))* (Como está o tempo?)
- **Il fait chaud.** *(il fé chô)* (Está quente.)
- **Il fait doux.** *(il fé du)* (Está moderado.)
- **Il fait beau.** *(il fé bô)* (O tempo está bom.)
- **Il fait mauvais.** *(il fé movê)* (O tempo está ruim.)
- **Il fait du vent.** *(il fé dy vaN)* (Está ventando.)
- **Il fait du soleil.** *(il fé dy soléi)* (Faz sol.)
- **Il pleut.** *(il plê)* (Está chovendo.)
- **Il neige.** *(il nég(e))* (Está nevando.)
- **La température est de 20 degrés.** *(la taNperratyr é d(e) vãN degrê)* (Faz 20 graus.)

Você não pode falar sobre o tempo sem conhecer os nomes das estações:

- **au printemps** *(ô prãNtaN)* (na primavera)
- **aNetê** *(aN etê)* (no verão)
- **en automne** *(aNotóne)* (no outono)
- **en hiver** *(aNivér)* (no inverno)

Tendo uma Conversa

Faixa 7

O avião de nossos amigos está voando e o comandante acabou de anunciar no sistema público:

A Nice, il fait beau et chaud et la température est de 30 degrés.
a nice il fé bô ê chô ê la taNperratyr é d(e) traNt degrê.
Em Nice, o tempo é bom e faz calor, e a temperatura é de 30 graus.

Patrick: **A Nice, il fait toujours beau!**
a nice il fé tujur bô
Em Nice, o tempo é sempre bom!

Amanda: **Même en hiver?**
méme aNivér
Mesmo no inverno?

Patrick: **En hiver, il pleut un peu, mais il fait doux. Et à New York?**
aN ivér il plê ã pê mé il fé du ê a niu iorq
No inverno, chove um pouco, mas é agradável. E em Nova York?

Amanda: **En hiver, il fait très froid et il neige, et en été il fait très chaud et humide.**
aN ivér il fé tré froá ê il nége ê aNetê il fétré chô ê ymid
No inverno, faz muito frio e neva, e, no verão, faz muito calor e é úmido.

Patrick: **Et au printemps et en automne?**
ê ô prãNtaN ê aNotóne
E na primavera e no outono?

Amanda: **Le temps est agréable.**
l(e) taN é agreáble
O tempo é agradável.

Usando Números

Consulte o Capítulo 2 para se lembrar dos números até 20. Mas se o tempo estiver muito quente, provavelmente, você precisará de números mais altos. E que tal comprar aquele lenço bonito – certamente, custará mais de 20 euros! Com o que vem a seguir, você poderá lidar com quase tudo, desde comprar sua **baguette** (baguéte) (baguete) diária até comprar a casa de seus sonhos na Riviera.

- **vingt** *(vãN)* (20)
- **vingt-et-un** *(vãNte ã)* (21)
- **vingt-deux** *(vãN dê)* (22)
- **vingt-trois** *(vãN troá)* (23) etc...
- **trente** *(traNt)* (30)

- **trente-et-un** *(traNte ã)* (31) etc...
- **quarante** *(carraNt)* (40)
- **cinquante** *(çãNcaNt)* (50)
- **soixante** *(soassaNt)* (60)
- **soixante-dix** *(soassaNt diz)* (70)
- **quatre-vingts** *(catre vãN)* (80)
- **quatre-vingt dix** *(catre vãN diz)* (90)
- **cent** *(çaN)* (100)
- **mille** *(mile)* (1.000)
- **un million** *(ã milion)* (1.000.000)
- **un milliard** *(ã miliar)* (1.000.000.000)

Diversão & Jogos

En quelle saison sommes-nous? (Em qual estação nós estamos?)

A

B

C

D

Respostas

A. ____________________

B. ____________________

C. ____________________

D. ____________________

Capítulo 5

Bon Appétit! Jantando Fora e Indo ao Mercado

Neste Capítulo

- Conhecendo o vocabulário do café da manhã.
- Fazendo reservas no restaurante, pedindo e pagando a conta
- Comprando comida
- Fazendo comparações

Explorar os hábitos de comida e alimentos de outro país é um dos modos mais agradáveis de descobrir sua cultura. Quando o assunto é comida francesa e restaurantes, essa exploração é especialmente agradável. Este capítulo é, sem dúvida alguma, o mais apetitoso e provavelmente um dos mais úteis, caso você esteja planejando visitar um país, onde se fala francês.

Refeições

SABEDORIA CULTURAL

- A palavra para "café da manhã" é:
  le petit déjeuner *(l(e) p(e)tí dejênê)* na França
- A palavra para "almoço" é:
  le dîner *(l(e) dinê)* em Quebec
  le déjeuner *(l(e) dejênê) na França*

- A palavra para "jantar" é:

  le souper *(l(e) supê)* (em Quebec)

  le dîner *(l(e) dinê)* na França

  Esses substantivos também são verbos; almoçar ou jantar é **déjeuner**, **dîner** ou **souper**.

Vocabulário sobre o café da manhã

O tradicional café da manhã francês geralmente é composto do seguinte:

- **le café** *(l(e) cafê)* (café)
- **le café au lait** *(l(e) cafê ô lé)* (café com leite quente)
- **le café crème** *(l(e) cafê crém(e))* (café com um pouco de leite)
- **le thé nature** *(l(e) tê natyre)* (chá puro)
- **le thé au lait** *(l(e) tê au lé)* (chá com leite)
- **le thé au citron/le thé citron** *(l(e) tê ô citroN/l(e) tê citroN)* (chá com limão)
- **le pain** *(l(e) pãN)* (pão)
- **le grillé** *(l(e) griê)* (torrada)
- **les tartines** *(le tartíne)* (fatias de pão com algum tipo de cobertura)
- **le beurre** *(l(e) bér)* (manteiga)
- **la margarine** *(la margarríne)* (margarina), não tão popular quanto a manteiga, mas, mesmo assim, usada
- **la confiture** *(la confityr)* (geleia)
- **l(e) croissant** *(lê cruassaN)* (croissant – em forma de meia-lua)
- **le pain au chocolat** *(l(e) pãN ô chocolá)* (a mesma massa do croissant, mas com uma forma diferente e com uma barra de chocolate dentro)

- **le chausson aux pommes** *(l(e) chossoN ô póm(e))* (bolo recheado com creme de maçã)
- **le pain aux raisins** *(l(e) pãN ô resãN)* (um tipo de pão com uva passa)

Você pode encontrar todos esses produtos de dar água na boca em qualquer **pâtisserie** *(patisserí)* (confeitaria) ou **boulangerie** *(bulaNgerí)* (padaria) na França. Se não estiver certo sobre o que é alguma coisa, sempre poderá apontar na vitrine e ser deliciosamente surpreendido com qualquer doce delicioso que descobrir!

Comendo em casa: Colocando a mesa

A seguir, estão os itens usados para **mettre le couvert** *(métre l(e) cuvér)* (colocar a mesa):

- **une assiette** *(yne assiét)* (um prato)
- **un verre** *(ã vér)* (um copo)
- **les couverts** *(le cuvér)* (os talheres)
- **une fourchette** *(yne furchét)* (um garfo)
- **une cuillére** *(yne kyiér)* (uma colher)
- **un couteau** *(ã cutô)* (uma faca)
- **une serviette** *(yne serviét)* (um guardanapo)
- **le sel et le poivre** *(l(e) sél ê l(e) poávre)* (sal e pimenta)

Depois da sobremesa, as pessoas saem da mesa para tomarem seu café. Neste caso, elas usam o seguinte:

- **une tasse** *(yne tásse)* (uma xícara)
- **une soucoupe** *(yne sucúp)* (um pires)
- **une petite cuillère** *(yne p(e)tit kuiér)* (uma colher de chá)
- **le sucre** *(l(e) sycre)* (açúcar)

Tendo uma Conversa

M. Miller está visitando Paris com sua esposa. Eles decidiram esbanjar durante a noite e ir a um ótimo restaurante. Para encontrar um restaurante, eles consultaram o **Guide Michelin** (guíd michelãN). (O **Guide Michelin** é a bíblia do amante de restaurantes. Eles escolheram um pequeno restaurante maravilhoso, não muito longe da famosa catedral **Notre Dame** (nótre dáme). M. Miller pega o telefone e fala com **la réceptionniste** (la rêcepcioníst) (a recepcionista):

M. Miller: **Bonjour, je voudrais réserver une table.**
bonjur j(e) vudré rêservê yne táble
Olá, eu gostaria de reservar uma mesa.

Réceptionniste: **Bien sûr monsieur, pour quand?**
biãN syr messiê pur caN
Claro, senhor, quando (gostaria)?

M. Miller: **Pour samedi prochain.**
pur samedí prochãN
(Para) próximo sábado.

Réceptionniste: **Ah je suis désolée, monsieur, nous sommes fermés le samedi.**
ah j(e) syí desolê messiê nus some fermê l(e) samdí
Ah, sinto muito, senhor, nós estamos fechados aos sábados.

M. Miller: **Alors vendredi.**
alór vaNdredí
Então, sexta-feira.

Réceptionniste: **D'accord, pour déjeuner ou pour dîner?**
dacór pur dêjênê u pur dinê
Tudo bem, para o almoço ou jantar?

M. Miller: **Pour dîner.**

pur dinê

(Para) jantar.

Réceptionniste: **Pour combien de personnes?**

pur combiãN d(e) persóne

Para quantas pessoas?

M. Miller: **Pour deux personnes.**

pur dê persóne

Para duas pessoas

Réceptionniste: **Et à quelle heure?**

ë a quéler hér

E a que horas?

M. Miller: **Á huit heures.**

a yítér

Oito horas.

Réceptionniste: **C'est à quel nom?**

cé a quéle noN

Qual é o nome?

M. Miller: **Miller, M-I-L-L-E-R**

míler em(e) i él(e) él(e) ê ér

Miller, M-I-L-L-E-R.

Réceptionniste: **Très bien monsieur, une table pour deux per sonnes vendredi 16 à 20 heures. Á bientôt.**

tré biaN messiê yne table pur dê pérsone vaNdredí sézi a vãNtér a biãNtô

Tudo bem, senhor, uma mesa para duas pessoas, sexta-feira, dia 16, às 20 horas. Até breve.

Compreendendo o que está no menu

Veja a seguir uma amostra de algumas coisas que você pode encontrar em um restaurante francês. Lembre-se de que restaurantes diferentes podem dar nomes diferentes a essas coisas; portanto, se você não estiver certo, pergunte ao garçom.

- **les entrées** *(lez aNtrê)* (aperitivos)
  - **le pâté/la terrine** *(l(e) patê/la terrín(e))* (patês; patê de carne)
  - **le saumon fumé** *(l(e) somoN fymê)* (salmão defumado)
  - **la salade verte** *(la salad vért)* (literalmente: sala da verde, salada com alface apenas)
  - **les crudités** *(le cryditê)* (vegetais crus misturados)
- **les viandes** *(le viaNd)* (carnes):
  - **le boeuf** *(l(e) béf)* (carne de vaca)

  Você pode pedir seu bife **saignant** *(sénhaN)* (cru), **à point** *(a poãN)* (ao ponto) ou **bien cuit** *(biãN kyí)* (bem passado).

  - **le veau** *(l(e) vô)* (carne de vitela)
  - **le poulet** *(l(e) pulê)* (galinha)
  - **le porc** *(l(e) pór)* (porco)
  - **l'agneau** *(lanhô)* (cordeiro)
  - **les poissons** *(le poassoN)* (peixe)
- **le riz** *(l(e) ri)* (arroz)
- **les pâtes** *(le pát(e))* (pastas/massas)

- **les légumes** *(le leguyme)* (legumes):
  - **les pommes de terre** *(le póm(e) d(e) tér)* (batatas)
  - **les haricots verts** *(le harricô vér)* (feijão verde tipo vagem)
  - **les petits pois** *(le p(e)tí poá)* (ervilhas)
  - **les champignons** *(le chaNpinhoN)* (cogumelos)
- **les fromages** *(le fromág(e))* (queijos)
- **les desserts** *(le dessér)* (sobremesa):
  - **la glace** *(la glác(e))* (sorvete)
  - **la crème** *(la crem(e))* (pudim)
  - **le gâteau au chocolat** *(l(e) gatô ô chocolá)* (bolo de chocolate)
  - **la tarte aux pommes** *(la tárt ô póm(e))* (torta de maçã)

Tendo uma Conversa

Faixa 8

Depois de ver alguns lugares, eles se instalam em um pequeno bistrô (que Julie conhece bem) com uma varanda adorável. Eles se sentam e **le serveur** (l(e) servér) (o garçom) traz o menu.

Le serveur: **Vous voulez boire quelque chose?**
vu vulê boár quélque chose
Vocês gostariam de beber algo?

Julie: **Un verre de vin blanc, s'il vous plaît.**
ã vér d(e) vãN blaN sil vu plé
Uma copo de vinho branco, por favor.

Mike: **Et pour moi, une bière.**
ê pur moá yne biér
E para mim, uma cerveja.

Faixa 9

Alguns minutos depois, o garçom volta com as bebidas.

Le serveur: **Voilà vos boissons. Vous êtes prêts?**

voalá vô boassoN vuzéte pré

Aqui estão suas bebidas. Vocês estão prontos para pedir?

Julie: **Oui, je voudrais une soupe aux pois et une salade verte.**

uí j(e) vudré yne sup ô poá ê yne salad vért

Sim, gostaria de uma sopa de ervilha e uma salada verde.

Mike: **Moi, je prend la tourtière.**

moá j(e) praN la turtiér

Eu gostaria de um empadão de carne.

Le serveur: **Et comme boisson, la même chose?**

ê cóme boassoN la mém(e) chose

Vocês gostariam da mesma coisa para beber?

Mike: **Oui, merci.**

uí mercí

Sim, obrigado.

Prendre é um verbo irregular:

Conjugação	**Pronúncia**
je prends	j(e) praN
tu prends	ty praN
il/elle prend	il/éle praN
nous prenons	nu prenoN
vous prenez	vu prenê
ils/elles prennent	il/éle préne

Sabor francês com jeitinho canadense

Você pode saborear as especialidades locais quebequenses nos restaurantes de Montreal. Se tiver oportunidade de visitar, experimente o seguinte:

- **La soupe aux pois** (la súp ô poá) (sopa de ervilha amarela)
- **la tourtière** (la turtiér) (uma torta de carne substanciosa de diferentes tipos de carnes e batatas cortadas)
- **la truite** (la tryít) (truta), pela qual Quebec é famosa
- **la tarte au sucre** (la tárt ô sycre) (torta de açúcar cristalizado do bordo), uma torta deliciosamente rica feita do famoso melado do bordo, que é o tesouro do Canadá
- **le cidre** (l(e) cídre) (cidra de maçã alcoólica) está disponível em **les brasseries** (le braserí) (tabernas e cafeterias)

Tendo uma Conversa

Faixa 10

Julie e Mike estão gostando muito de sua refeição e estão relaxados quando o garçom chega.

Le serveur: **Vous voulez un dessert?**
vu vulê ã dessér
Gostariam de uma sobremesa?

Julie: **Non, merci. Deux cafés seulement et l'addition.**
noN mercí d(e) cafê sélemaN ê ladicioN.
Não, obrigado. Apenas dois cafés e a conta.

O garçom volta com a conta e Mike pega seu cartão de crédito.

Mike: **Vous prenez les cartes de crédit?**
vu prenê le cárt d(e) credí
Você aceita cartões de crédito?

Le serveur: **Bien sûr, monsieur.**
biãN syr messiê
Claro, senhor.

SABEDORIA CULTURAL

Terminando a Refeição

Le pourboire (l(e) purboár) (a gorjeta) é uma palavra engraçada em francês. Literalmente significa "para beber". Essa palavra vem desde o século XVII, mas sua função mudou; hoje, muitos garçons e porteiros de teatro são pagos apenas com gorjetas.

Na França, o imposto e uma gorjeta de 15% são incluídos na lista de preços: le pourboire est compris (l(e) purboár é coNprí) (a gorjeta está incluída). O que você vê é o que paga. Naturalmente, você poderá dar uma gorjeta extra se desejar, mas nas cafeterias e restaurantes comuns, isso não é necessário.

Encontrando os banheiros

Antes de sair do restaurante, você pode querer visitar os banheiros. Neste caso, pergunte: **"Où sont les toilettes, s'il vous plaît?"** *(u soN le toaléte sil vu plé)* (Onde é o banheiro, por favor?). Nos restaurantes franceses, os banheiros geralmente estão localizados **en bas** *(aN bá)* (no andar de baixo) perto das cabines de telefone. Não se esqueça de levar um trocado – geralmente uma moeda de 1 euro – com você; geralmente, você tem que pagar para entrar! Na maioria dos lugares, o desenho é autoexplicativo, mas você pode também ver **Dames** *(dám(e))* (mulheres) ou **Hommes** *(hóm(e))* (homens) escrito na porta.

Um Artigo Sobre Artigos

Em francês, um substantivo quase sempre é precedido por uma pequena palavra chamada artigo que informa se o substantivo é masculino, feminino, singular ou plural. **Le** *(le)*, **la** *(la)*, **l'** *(éle apostróf)* e **les** *(le)* são chamados de artigos definidos porque se referem a um objeto ou a uma pessoa já mencionada como, por exemplo, "o" em português. **Le** refere-se a um objeto masculino, **la** a um objeto feminino e **l'** a um objeto que começa com uma vogal, que pode ser masculino ou feminino. **Les** é a forma plural comum.

O artigo definido também acompanha os substantivos que são usados em um significado geral.

Un *(ã)*, **une** *(yne)* e **des** *(de)* referem-se aos objetos indeterminados, exatamente como "um" em português. Essas palavras são chamadas de artigos indefinidos. No singular, o francês tem, claro, uma forma masculina (**un**), uma forma feminina (**une**) e uma forma plural comum (**des**). A seguir, estão alguns exemplos de como os franceses usam os artigos indefinidos:

- **Paris est une grande ville. La ville est belle.** *(parrí étgne graNd vile, la vile é bél(e))* (Paris é uma grande cidade. A cidade é bonita.)
- **Je voudrais un café. Le café est bon.** *(j(e) vudré ã cafê, l(e) cafê é boN)* (Gostaria de um café. O café é bom.)
- **Il y a des maisons dans la rue. Les maisons sont rouges.** *(ili a de méson daN la ry les méson soN rúg(e))* (Há casas na rua. As casas são vermelhas.)

A Tabela 5-1 lista as variações dos artigos definidos e indefinidos em francês.

Tabela 5-1 Artigos definidos e indefinidos em francês

Masculino	Feminino	Vogal	Plural
le	la	l'	les
un	une	un/une	des
du	de la	de l'	des

O idioma francês tem um artigo específico que se refere a uma parte de algo, em oposição ao todo. Você pode traduzir esse artigo como "algo" ou, algumas vezes, como "uma parte de". Parece complicado?

Como você pode adivinhar, o artigo tem uma forma masculina **du** *(dy)*, uma forma feminina **de la** *(d(e) la)* e uma forma plural **des** *(de)*. Você também tem uma forma singular quando o substantivo seguinte inicia com uma vogal **de l'** *(d(e) l)*. Eis alguns exemplos:

- **Je voudrais du pain et du fromage.** *(j(e) vudré dy pãN ê dy fromag(e))*. (Gostaria de [algum] pão e [algum] queijo.)
- **Si tu as soif, bois de l'eau!** *(si ty a soáf boá d(e) lô)* (Se você tem sede, beba [um pouco de] água.)
- **Il mange souvent de la salade.** *(il maNge suvaN d(e) la salad)* (Ele geralmente come (alguma) salada.)

Comprando Comida no Mercado

Os mercados ao ar livre são uma delícia. Eles são especialmente bons em cidades pequenas do interior, onde você pode usufruir a feira local e deliciar-se com os barulhos, cheiros e sotaques. Mas as grandes cidades têm mercados maravilhosos também. Certos distritos de Paris têm uma feira duas vezes por semana de manhã, faça sol, faça chuva.

Os vendedores em um mercado ao ar livre vendem quase tudo. Em muitos deles, você pode até encontrar roupas, sapatos, utensílios de cozinha e, claro, flores. Eis uma pequena lista de coisas que você pode encontrar:

- **la viande** *(la viaNd)* (carne)
- **le poisson** *(l(e) poassoN)* (peixe)
- **les fruits** *(le fryí)* (fruta)
  - **la pomme** *(la póm(e)* (maçã)
  - **la banane** *(la banán(e))* (banana)
  - **la poire** *(la póar)* (pêra)
  - **la pêche** *(la péche)* (pêssego)
  - **l'orange [f.]** *(loraNg(e))* (laranja)
  - **la fraise** *(la frése)* (morango)
- **les légumes** *(le legugm(e)* (legumes)
  - **la laitue** *(la lety)* (alface)
  - **la tomate** *(la tomát)* (tomate)
  - **la carotte** *(la carót)* (cenoura)
  - **l'oignon [m.]** *(loanhon)* (cebola)
- **la fleur** *(la flér)* (flor)

Diversão & Jogos

Identifique quantas frutas e legumes **du marché** *(dy marchê)* (no mercado) forem possíveis:

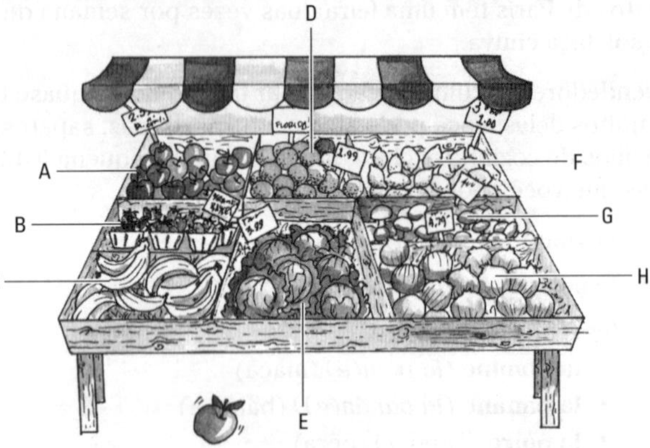

A. ______________________

B. ______________________

C. ______________________

D. ______________________

E. ______________________

F. ______________________

G. ______________________

H. ______________________

Resposta: A. les pommes; B. les fraises; C. les bananes; D. les oranges; E. les laitues; F. les citrons; G. les champignons; H. les oignons.

Você acabou de pedir um copo de água, café, sopa de ervilha, salada, bife e batatas para o almoço em um charmoso restaurante. Identifique tudo que está sobre a mesa para ter certeza de que o garçom não esqueceu nada:

A. ____________________

B. ____________________

C. ____________________

D. ____________________

E. ____________________

F. ____________________

G. ____________________

H. ____________________

I. ____________________

J. ____________________

Resposta: A. une soupe aux pois; B. une serviette; C. une fourchette; D. une assiette; E. le steak; F. les pommes de terre; G. un couteau; H. un café; I. un verre d'eau; J. une cuillère. (O garçom esqueceu la salade verte!)

Capítulo 6

Compras Fáceis

Neste Capítulo

- "Só olhando" a loja
- Pedindo ajuda
- Experimentando coisas
- Reconhecendo tamanhos, cores, materiais, itens
- Usando superlativos

Se você não souber por onde começar ou até se não tiver a menor ideia do que deseja trazer de volta, **un grand magasin** *(ã graN magazãN)* (uma loja de departamentos) poderá ser uma boa escolha. As duas mais famosas em Paris, **le Printemps** *(l(e) prNtaN)* e **les Galeries Lafayette** *(le galerrí lafaiét)* estão localizadas a alguns quarteirões de distância uma da outra, na mesma avenida. Que conveniente! Provavelmente, você encontrará algo que deseja em uma delas. Em minha opinião, elas são muito parecidas, mas muitas pessoas apostam em uma ou em outra. Na **Ogilvy's** de Montreal, você pode encontrar uma coleção de butiques de designers que competem com Paris ou Londres. A **Eaton's**, também na rue Sainte-Catherine (Rua Santa Catarina), é a maior loja de departamentos da cidade. Estes são apenas alguns exemplos do que está disponível em cada cidade.

Indo a Lojas

Eis uma lista dos outros tipos de lojas e itens que você poderá encontrar:

- **À la librairie, on achète des livres.** *(a la librerrí oNachét de livre)* (Na livraria, compra-se livros.)

- **À la bijouterie, on achète des bijoux.** *(a la bijuterrí oNachét de bijú)* (Na joalheria, compra-se joias.)
- **Au bureau de tabac** (França), **à la tabagie** (Quebec), **on achète des cigarettes, des timbres et des carte postales.** *(ô byrô d(e) tabác / a la tabagí oNachét de cigarét de tãNbre ê de cárt postale)* (Na tabacaria, compra-se cigarros, selos e cartões postais.)
- **À la dépanneuse** (Quebec), **on trouve de tout!** *(a lá depanêse on truve d(e) tu)* (Na loja de conveniência, encontra-se tudo!)
- **À quelle heure ouvrez-vous/fermez-vous?** *(a quélér uvrê vu/fermê vu)* (A que horas vocês abrem/fecham?)
- **Quelles sont vos heures d'ouvertures?** *(quéle soN vozér duvertyre)* (Quais são os horários de funcionamento?)
- **Êtes-vous ouverts le dimanche?** *(éte vu uvér l(e) dimaNche)* (Você abrem aos domingos?)
- **Non, merci, je regarde seulement.** *(noN merci j(e) regárd sélemaN)* (Não obrigado(a), estou apenas olhando.)

Andando pela loja

Se você souber as seguintes frases, certamente poderá aproximar-se do balcão **les renseignements** *(le raNsenhemaN)* e se comunicar sem dificuldade.

- **Pardon, madame, où sont les parfums?** *(pardoN madám(e) u soN le parfãN)* (Desculpe-me, senhora, onde estão os perfumes?)
- **Ici, au rez-de-chaussée.** *(icí ô rê d(e) chossê)* (Aqui, no térreo.)

- **Les vêtements pour dames, s'il vous plaît?** *(le vet(e)maN pur dám(e) sil vus plé)* (As roupas femininas, por favor.)
- **C'est au troisième étage.** *(cé ô troaziém(e) etág(e))* (É no terceiro piso.)
- **Excusez-moi, je cherche les compact disques.** *(ecskysê moá j(e) chérch(e) le coNpact dísque)* (Desculpe-me, estou procurando os CDs.)
- **Ils sont au sous-sol, à côté des livres.** *(il soN ô su sól a cotê de lívre)* (Eles estão no subsolo, ao lado dos livros.)

Conseguindo ajuda

Você chegou ao piso onde deseja ir, mas agora, realmente precisa de ajuda. É hora de procurar um balconista e pedir:

- **Pouvez-vous m'aider s'il vous plaît?** *(puvê vu medê sil vu plé)* (Você pode ajudar-me, por favor?)
- **Je voudrais un renseignement** *(j(e) vudré ã raNsenhemaN)* (Eu gostaria de uma informação.)
- **Je cherche...** *(j(e) chérch(e)* (Estou procurando...)

O idioma francês não faz distinção entre as noções representadas por "eu posso" e "eu poderia". São traduzidas por **j(e) peux** *(jê pê)*. O verbo é **pouvoir** *(puvoár)* e é irregular. Você conjuga o tempo presente como a seguir:

Conjugação	***Pronúncia***
Je peux	j(e) pê
Tu peux	ty pê
Il/elle peut	il/éle pê
Nous pouvons	nu puvoN
Vous pouvez	vu puvê
Ils/elles peuvent	il/éle pév

Esse verbo **pouvoir** é sempre seguido de um infinitivo. Observe que quando há um pronome objeto, ele é colocado entre a forma conjugada de **pouvoir** e o infinitivo:

- **Est-ce que vous pouvez me renseigner?** *(ésce qu(e) vu puvê m(e) raNsenhê)* (Você pode dar-me uma informação?)
- **Je peux l'essayer.** *(j(e)* pê *lesseiê)* (Posso tentar.)

Para saber mais sobre os pronomes objetos, vá para o Capítulo 13.

Tendo uma Conversa

Faixa 11

Cécile está em uma loja de departamento com sua amiga Marie. Elas estão vendo vestidos. Cécile apontou um que ela gosta. A vendedora, la vendeuse (la vaNdâse) vem até elas:

La vendeuse: **Je peux vous aider, mesdames?**
j(e) pê vuzedê medám(e)
Posso ajudá-las, senhoras?

Cécile: **Oui, s'il vous plaît. Avez-vous cette robe en 36?**
uí sil vu plé avê vu cét rób aN traNt siz
Sim, por favor. Você tem este vestido no tamanho 36?

La vendeuse: **Attendez un instant. Oui, nous l'avons. La voilà.**
ataNdê ã ãNstaN, uí nu lavoN la voalá
Espere um pouco. Sim, temos. Aqui está.

Cécile: **Est-ce que je peux l'essayer?**
ócoo qu(o) j(o) pô looooiô
Posso experimentar?

La vendeuse: **Mais bien sûr, madame. Les cabines d'essayage sont au fond à gauche.**
mé biãN syr madám(e) le cabine desseiág(e) soN ô foN a goch(e)
Mas, claro, senhora. Os provadores estão lá trás, à esquerda.

Faixa 12

Alguns minutos depois, Cécile sai do provador com o vestido e deseja a opinião de sua amiga.

Cécile: **Qu'est-ce que tu en penses?**
quésce qu(e) ty aN paNs(e)
O que você acha?

Marie: **Je ne sais pas... elle est un peu trop grande, je crois.**
j(e) nê sé pá... éle é ã pê trô graNd j(e) croá
Não sei.. ele está um pouco grande, eu acho.

Cécile: **Moi, je trouve qu'elle ne me va pas du tout.**
moá j(e) truve quéle n(e) m(e) va pá dy tu
Acho que ele não me serve.

Est-ce que vous l'avez en plus petit?
ésce qu(e) vu lavê aN ply p(e)tí
Você tem em um tamanho menor?

La vendeuse: **Non, je suis désolée; c'est la plus petite taille.**
noN j(e) syí desolê cé la ply p(e)tit taie
Não, sinto muito; é o menor tamanho.

Cécile: **Tant pis!**
taN pí
Que ruim!

Encontrando o tamanho certo

No Canadá, os tamanhos das roupas são iguais aos dos Estados Unidos. Na Europa, você pode encontrar diferentes medidas. Eis alguns equivalentes gerais para os tamanhos de roupas femininas:

Tamanhos canadenses e americanos	6	8	10	12	14	16	18	20
Tamanhos brasileiros e franceses	36	38	40	42	44	46	48	50

Para a jaqueta masculina e os tamanhos de terno, use as seguintes conversões aproximadas:

Tamanhos canadenses e americanos	38	40	42	44	46	48	50
Tamanhos brasileiros e franceses	48	50	52	54	56	58	60

Naturalmente, se tudo mais falhar, você sempre terá a possibilidade de solicitar **petit** *(p(e)tí)*, **moyen** *(moaiaN)*, **large** *(lárg(e))* ou **extra-large** *(ecstrá lárg(e))* – pequeno, médio, grande ou extra grande. Veja os exemplos para solicitar seu tamanho ou **la taille** *(la táie)*.

- **Je fais du 36** *(j(e) fé dy traNt siz)* (Sou [tamanho] 36.)
- **Je voudrais essayer une robe en 40.** *(j(e) vudré esseiê yne rób aN carraNt)* (Eu gostaria de experimentar um vestido [tamanho] 40.)
- **Est-que vous l'avez en plus petit?** *(ésce qu(e) vuzavê aN ply p(e)tí)* (Você tem um menor [tamanho]?)

O francês tem duas palavras: **la taille** para roupas e **la pointure** *(la poaNtyr)* para sapatos. Para os tamanhos de sapato feminino, use:

Tamanhos canadenses e americanos	5	6	7	8	9	10
Tamanhos brasileiros e franceses	36	37	38	39	40	41

Eis as conversões do tamanho para os sapatos masculinos:

Tamanhos canadenses e americanos	7.5	8	8.5	9	9.5	10	10.5	11	11.5	12
Tamanhos brasilieiros e franceses	38	39	40	41	42	43	44	45	46	47

Tendo uma Conversa

Faixa 13

Vincent está procurando uma jaqueta esportiva. Ele entra em uma das pequenas butiques em uma área **chic** (chíq) da cidade, **une boutique de vêtements pour hommes** (yne butique d(e) vetemaN pur hóm(e)) (uma loja de roupas masculinas). Nesta época do ano, muitas roupas estão em liquidação (**en solde** [aN sold]). Imediatamente, ele é cumprimentado por um balconista e faz sua solicitação.

Vincent: **Je cherche une veste.**
j(e) chérch(e) yne vést
Estou procurando uma jaqueta.

Le vendeur: **Quel genre de veste voulez-vous, monsieur, un blazer, un veston habillé?**
quéle jaNre d(e) vést vulê vu messiê ã blazér ã vestoN habié

Que tipo de jaqueta deseja, senhor, um blazer, um paletó de terno elegante?

Vincent: **Non plutôt une veste de sport.**
noN plytô yne vést d(e) spór
Não, uma jaqueta esportiva.

Le vendeur: **En quelle taille?**
aN quéle táie
Em qual tamanho?

Vincent: **En général, je porte du 50.**
aN generrál j(e) pórt dy çaNcaNt
Em geral, visto [tamanho] 50.

Le vendeur: **Nous avons ce modèle ou celui-ci en pure laine.**
nuzavoN c(e) modél(e) u celyí ci aN pyr lén(e)
Temos este tipo ou este em lã pura.

Vincent: **Je préfère une couleur plus foncée.**
j(e) prefér yne culér ply foncê
Prefiro uma cor mais escura.

Faixa 14

Vincent escolhe uma jaqueta que ele experimenta.

Le vendeur: **Oh, celle-ci vous va à merveille! Et elle est très à la mode.**
ô céle ci vu va a mervéie ê éle é trés a la mód
Ah, parece ótima em você! E está muito na moda.

Vincent: **Oui, vous avez raison et elle est en solde! Alors je la prends.**
uí vuzavô rézoN ê éle é aN sóld alór j(e) la praN
Sim, você está certo e ela está em liquidação! Então, vou ficar com ela.

Vestindo-se

Eis uma lista de **vêtements pour dames** *(vetemaN pur dám(e))* (roupas femininas):[1]

- **une robe** *(yne rób)* (um vestido)
- **une jupe** *(yne jype)* (uma saia)
- **un tailleur** *(ã taiér)* (um terno)
- **une veste*** *(yne vést)* (uma jaqueta)
- **un pantalon*** *(ã paNtaloN)* (calças)
- **un jean*** *(ã din)* (jeans)
- **un manteau** *(ã maNtô)* (um casaco)
- **un imperméable*** *(ã ãNpermeáble)* (um casaco de chuva)
- **un chemisier** *(ã chemisiê)* (uma blusa)
- **un foulard** *(ã fulár)* (um lenço)
- **une chemise de nuit** *(yne chemise d(e) nyi)* (uma camisola)
- **une robe de chambre** *(yne rób d(e) chaNbre)* (um robe/roupão)
- **une chemise*** *(yne chemise)* (uma camisa)
- **un pardessus*** *(ã pardessý)* (um sobretudo)
- **un chapeau*** *(ã chapô)* (um chapéu)
- **un maillot de bains** *(ãN maiô d(e) bãN)* (uma roupa de banho) [França]
- **un costume de bains** *(aN costyme dê bãN)* (uma roupa de banho) [Quebec]
- **des chaussettes*** *(de chossét)* (meias)
- **des sous-vêtements* [m]** *(de su vetemaN)* (roupa íntima)

*Estes termos também são usados para roupas masculinas.

E, agora, **vêtements pour hommes** *(vetemaN pur hóm(e))* (roupas masculinas):

- **un complet** *(ã coNplê)* (um terno) [França]
- **un habit** *(ã habí)* (um terno) [Quebec]
- **un veston** *(ã vestoN)* (um paletó do terno)
- **une ceinture** *(yne çãNtyr)* (um cinto)
- **une cravate** *(yne cravát)* (uma gravata)

O francês pegou emprestadas muitas palavras inglesas para as roupas. Mas, algumas vezes, elas têm um significado diferente. Eis algumas:

- **le tee-shirt** *(l(e) ti shârt)* (camiseta)
- **le sweat** *(l(e) suít)* (blusa de agasalho) Observe a pronúncia, que foi modificada (no inglês, suét).
- **le jogging** *(l(e) jóguin)* (conjunto de moleton)
- **le pull** *(l(e) pyl)* (suéter)
- **le slip** *(l(e) slíp)* (cueca)

Agora, os sapatos:

- **les sandales** *(le saNdál(e))* (sandálias)
- **les bottes** *(le bót)* (botas)
- **les chaussures à talons** *(le chossyr a taloN)* (sapatos de salto alto)
- **les baskets** *(le baské)* (tênis)
- **les chaussons** *(le chossoN)* (chinelos)
- **une paire de chaussures** *(yne pér d(e) chossyr)* (um par de sapatos)

Quando você está escolhendo roupas, o que é mais importante que a cor?

- **noir/noire** *(noár)* (preto)
- **marron** *(marroN)* (marrom)
- **blanc/blanche** *(blaN/blaNche)* (branco)
- **bleu/bleue** *(blê)* (azul)
- **rouge/rouge** *(rúg(e))* (vermelho)
- **vert/verte** *(vér/vért)* (verde)
- **jaune** *(jone)* (amarelo)
- **orange** *(oraNge)* (laranja)

LEMBRE-SE

O adjetivo da cor sempre segue o substantivo:

- **un pantalon noir** *(ã paNtaloN noár)* (calças pretas)
- **des chaussures vertes** *(de chossyr vért)* (sapatos verdes)

GRAMATICALMENTE FALANDO

Je dois *(j(e) doá)*, quando significa "tenho que", é seguido de um infinitivo. Por exemplo:

Je dois acheter des chaussures aujourd'hui. *(j(e) doá ach(e)tê de chossyr ojurdyí)* Devo (tenho que) comprar sapatos hoje.

Eis o verbo **devoir** *(devoár)*, o infinitivo do verbo "devo":

Conjugação	*Pronúncia*
Je dois	j(e) doá
Tu dois	ty doá
Il/elle doit	il/éle doá
Nous devons	nu devoN
Vous devez	vu devê
Ils/elles doivent	il/éle doáv

Quando **devoir** tem o significado de "devo", ele pode ser seguido de um substantivo:

Je dois cinq cents euros à Catherine. *(j(e) doá çaN çaN fraN a caterríne)* (Devo 500 euros a Catherine.)

Diversão & Jogos

As seguintes palavras francesas foram misturadas. São palavras de cores. Organize-as!

LUBE	RION
ENAJU	GUROE
CANLB	TREV

Tente identificar todos os itens de vestuário indicados no seguinte desenho.

Você pode encontrar as respostas neste capítulo.

Capítulo 7

Saindo na Cidade

Neste Capítulo

- Informando a hora
- Fazendo um tour por um museu
- Assistindo a um filme
- Assistindo a uma peça
- Indo a uma boate

Ao visitar uma nova cidade, você se diverte experimentando o máximo possível do entretenimento local. Na França, há algo para todos. Os franceses trabalham muito, mas também sabem relaxar.

Dizendo a Hora em Francês

Em francês, para dizer que horas são, simplesmente adicione o número de minutos à hora. Eis alguns exemplos:

- **Il est 11h (onze heures).** *(ilé onzér)* (São 11:00 da manhã)
- **Il est 11h30 (onze heures et trente).** *(ilé onzér ê traNt)* (São 11:30 da manhã)
- **Il est 16h (seize heures).** *(ilé sézér)* (São 16:00).
- **Il est 16h10 (seize heures et dix).** *(il é séz hér diz)* (São 16:10).

Para expressar o tempo antes da hora ("São dez minutos para 2:00"), o francês usa **moins** *(moãN)*, que significa "menos". Eis alguns exemplos desse uso:

- **Il est huit heures moins dix.** *(ilé yítér moãN diz)* São 7:50 (8h menos dez).
- **Il est dix heures moins vingt cinq.** *(ilé dizér moãN vãN çãNq)* São 9:35 (10h menos 25).

Como em português, o francês também usa quinze depois, **et quart** *(ê quize)*; **et demi** *(*e meia*)*, **moins le quart** *(*menos quinze*)*. Eis alguns exemplos:

- **Il est 9h15 (neuf heures et quart).** *(ilé néfér ê car)* São 9:15 (da manhã).
- **Il est une heure moins le quart.** *(ilé ynér moãN l(e) car)* São 12:45 (da tarde).

Tendo uma Conversa

O seguinte diálogo acontece entre Pierre (piér) et Claire (clér), que estão atrasados para um concerto.

Faixa 15

Pierre: **Claire, quelle heure est-il?**
clér quélér étil
Claire, que horas são?

Claire: **Il est 10h10 (dix heures et dix).**
ilé dizér ê diz
São 10:10 da manhã.

Pierre: **Il est 10h10 (dix heures et dix)?**
ilé dizér ê diz
São 10:10 da manhã?

Claire: **Oui, nous somme en retard.**
uí nu sóm(e) aN retár
Sim, estamos atrasados.

Pierre: **Oh non! Allons-y! Dépêchons-nous!**
oh noN aloNzí depechoN nu
Ah não! Vamos! Corra (Depressa)!

Visitando Museus

Você pode visitar muitos museus diferentes em Paris. Talvez, o mais famoso seja **Le Louvre** *(l(e) lúvre)*. Originalmente construído como uma fortaleza real, o Louvre, agora abriga artefatos que datam de 5000 a.C. até 1848. Originalmente construído em forma de palácio, o Louvre, agora, abriga algumas das esculturas e pinturas mais famosas do mundo, inclusive a sublime *Vitória de Samotrácia*, *Vênus de Milo* e *Mona Lisa* de Leonardo da Vinci (**La Joconde**) *(la jocoNd)*. Você também pode ver as fundações originais da fortaleza do século XII e os suportes da ponte levadiça.

O Louvre fica aberto de 9 da manhã às 6 da tarde e fica fechado às terças-feiras. A entrada é gratuita no primeiro domingo do mês. Os museus em Paris são fechados em dias diferentes. Em alguns museus, pessoas com menos de 18 anos entram gratuitamente, e aquelas entre 18 a 25 anos e mais de 60 anos pagam metade do preço. Em outros museus, crianças com menos de 7 anos entram de graça e aquelas de 7 a 17 anos e estudantes pagam um valor reduzido. Alguns museus cobram menos aos domingos.

Você também pode comprar um passe de museu, uma **Carte Musées et Monuments** *(cárt mysê ê monymaN)*, disponível nas bilheterias dos museus, agências de turismo e nas principais estações de **métro**, ou metrô, o que pode ajudar suas economias. Você pode também fazer um tour em muitos **châteaux** *(chatô)* da França. **Versailles** é bem impressionante e vale a pena um dia de viagem. Em 1694, Luís XIII construiu Versailles como uma casa de campo para caças. Seu filho, Luís XIV, transformou-o na residência oficial da monarquia francesa.

Durante os tours nos museus, lembre-se de que muitos trabalhos de arte não foram feitos para suportar a intensidade do turismo moderno. É por isso que você vê o aviso **Photos au flash interdites** *(fotô ô flésh ãNterdit)* (Proibido fotografar com flash).

Indo ao Teatro

O teatro francês é famoso no mundo há séculos e oferece algo para cada gosto e orçamento, desde produções clássicas até **avant-garde** *(avaN gárd)* (modernas). Quatro dos cinco teatros nacionais da França estão localizados em Paris. (O quinto está em Estrasburgo) As reservas para qualquer teatro nacional devem ser feitas com pelo menos duas semanas de antecedência.

Indo ao Cinema

Verifique o Pariscope ou L'Officiel des Spectacles para obter as programações semanais, preços e críticas. Os filmes marcados com **VO** *(vê ô)* (**version originale**) *(versioN orriginâle)* significam que o filme é exibido em seu idioma original, com legendas em francês. **Version française** *(version fraNcése)* (**VF**) *(vê éf)* significa que o filme foi dublado em francês. Esta é uma prática cada vez mais rara.

Tendo uma Conversa

Faixa 16

O seguinte diálogo reúne Madame e Monsieur Dumont e seu filho Ben enquanto eles decidem o que fazer hoje.

M. Dumont: **Je veux visiter un musée.**
j(e) vê visitê ãN mysê
Eu gostaria de visitar um museu.

Mme. Dumont: **Non, non, non. Je veux visiter une cathédrale.**
noN noN noN j(e) vê visitê yne catedrále
Não, não, não. Eu gostaria de visitar uma catedral.

Ben: **Ah non, pas de musées, pas de cathédrales!**
a noN pa d(e) mysê pa d(e) catedrál(e)
Nada de museus, nada de catedrais.

M. Dumont: **D'accord. Voulez-vous aller au cinéma?**
dacór vulê vuzalê o cinemá
Tudo bem. Você quer ir ao cinema?

Ben:	**Super! Un film d'aventure!** sypér ãN film davaNtyr Ótimo! Um filme de aventura!
Mme. Dumont:	**J'aime mieux les documentaires.** jéme miê le dokymaNtér Prefiro os documentários.
Ben:	**Non, un dessin animé!** noN ãN dessãN animê Não, um desenho animado!
M. Dumont:	**C'est moi qui décide. Je voudrais voir un western!** cé moá qui decíd j(e) vudré voár ãN uestérn Eu decido. Quero ver um faroeste!

Indo a uma Boate

Se você não estiver exausto depois de um dia cheio de turismo, talvez queira experimentar um lugar mais alegre. A maioria das grandes cidades tem muitas boates que oferecem tudo, desde música ao vivo até dança.

Muitos clubes parisienses são oficialmente privados. Isso significa que eles têm o direito de escolher sua clientela. Em geral, o boca-a-boca e os jornais semanais são o melhor guia para o cenário atual. Os europeus também tendem a se vestir melhor para uma noite na cidade do que seus companheiros norte-americanos. Vestir preto é **de rigueur** *(d(e) riguér)* (obrigatório). Alguns lugares menores no **Quartier Latin** *(cartiê latãN)* em Paris aceitam praticamente qualquer pessoa, contanto que esteja vestida de preto. Para ser aceito em um dos clubes mais exclusivos, talvez seja preciso estar acompanhado de um frequentador (e vestir preto!).

A idade mínima para beber na França é de 18 anos. Paris também tem um **Centre Gai et Lesbien** *(çaNtre gué ê lesbiãN)* (Comunidade de Gays e Lésbicas) muito ativo. Fica centrado na parte mais elegante da cidade, conhecida como **Le Marais** *(l(e) maré)*.

Diversão & Jogos

Combine corretamente:

a. 8:00 da manhã	1. Il est quinze heures et trente.
b. 9:15 da noite	2. Il est sept heures moins dix.
c. 3:30 da tarde	3. Il est dix heures et vingt cinq.
d. 10:25 da manhã	4. Il est neuf heures et quart.
e. 6:50 da manhã	5. Il est huit heures.

Resposta: a-5; b-4; c-1; d-3; e-2.

Capítulo 8

Divertindo-se: Recreação

Neste Capítulo

- Praticando esportes

Muito trabalho e nenhuma diversão tornam **Jacques un garçon ennuyeux** *(jáque ã garçoN anyiê)* (Jack um garoto entediado). Esteja você jogando ou assistindo a esportes, indo à praia ou acampando, com certeza terá bons momentos se souber um pouco da língua.

Hoje, os franceses se importam muito mais com os esportes do que no passado. Os jovens se reúnem regularmente em equipes e competem em esportes, como, por exemplo, **le basket** *(l(e) basquét)* (basquetebol), **le football** *(l(e) futebale)* (futebol) e **le rugby** *(l(e) rygbí)* (rúgbi). Os esportes individuais, tais como, **la natation** *(la natacioN)* (natação), **le tennis** *(l(e) tenís)* (tênis), **la randonnée** *(la raNdonê)* (caminhada), **le cyclisme** *(l(e) ciclísme)* (ciclismo), **la voile** *(la voál(e))* (iatismo) e **la planche à voile** *(la plaNche a voál(e))* (windsurfing) são também populares.

Praticando Esportes

Parece que toda nação tem um passatempo nacional. O beisebol é tão americano quanto a torta de maçã e os cachorros-quentes. Eis uma análise de alguns passatempos francófonos.

- França e Bélgica: ciclismo e futebol
- Sul da França: rúgbi
- Suíça: esqui
- Canadá: hóquei

Os franceses usam dois verbos diferentes ao falar sobre prática de esportes: **faire de** *(fér d(e))* para esportes individuais e **jouer au** *(joê ô)* para esportes em equipe. **Faire** *(fér)*, um verbo irregular, usa a preposição **de** *(dê)* e suas variantes, ao passo que **jouer**, um verbo **-er** regular, usa a preposição **au** *(ô)* e suas variantes. Veja as Tabelas 8-1 e 8-2 para obter as maneiras corretas de usar esses verbos.

Tabela 8-1 Conjugando o verbo faire (fazer)

Conjugação	Pronúncia	Significado
Je fais du tennis.	j(e) fé dy tenís	Eu jogo tênis.
Tu fais du tennis.	ty fé dy tenís	Você joga tênis.
Elle fait du tennis.	éle fé dy tenís	Ela joga tênis.
Nous faisons du tennis.	nu fesoN dy tenís	Nós jogamos tênis.
Vous faites du tennis.	vu fét dy tenís	Vocês jogam tênis. (formal/plural)
Ils font du tennis.	il foN dy tenís	Eles jogam tênis.

Tabela 8-2 Conjugando o verbo jouer (jogar)

Conjugação	Pronúncia	Significado
Je joue au basket.	j(e) jú ô basquét	Eu jogo basquetebol.
Tu joues au basket.	ty jú ô basquét	Você joga basquetebol.
Il joue au basket.	il jú ô basquét	Ele joga basquetebol.
Nous jouons au basket.	nu juoN ô basquét	Nós jogamos basquetebol.
Vous jouez au basket.	vu juê ô basquét	Vocês jogam basquetebol. (formal/plural)
Elles jouent au basket	éle jú ô basquét	Elas jogam basquetebol.

Tendo uma Conversa

O seguinte diálogo ocorre em uma partida de futebol. Nós nos juntamos à conversa exatamente quando Marc se senta perto de Paul.

Faixa 17

Marc: **Zut! J'ai manqué le coup d'envoi!**

zyt je maNquê l(e) cu daNvoá

Droga! Perdi o chute inicial!

Paul: **Tu n'as pas manqué beaucoup. Ils sont à égalité.**

ty na pa manquê bocú ils soN a egalitê

Você não perdeu muito. O jogo está empatado.

Marc: **Oh, excellent. Joues-tu au foot?**

o ecselaN jú ty o fut

Ah, excelente. Você joga futebol?

Paul: **Non, je joue au basket.**

noN j(e) jú o basquét

Não, eu jogo basquetebol.

Marc: **Je joue au basket aussi. Je cherche une équipe.**

jê jú o basquét ossí j(e) chérch(e) yne equip

Eu jogo basquete também. Estou procurando uma equipe.

Paul: **Nous jouons au club local.**

nu juoN o clyb locál(e)

Nós jogamos em um clube local.

Marc: **Eh, regarde! Il marque un but!**

ê regárd il márque ã byt

Ei, olha! Ele fez um gol.

Paul: **Super! Nous gagnons!**

sypér nu ganhoN

Ótimo! Nós vencemos!

Indo Esquiar

Se você estiver na Suíça, França ou Canadá, poderá ter muitas oportunidades para descer as montanhas (**ski**) *(skí)* e esquiar por trilhas (cross-country) (**ski de fond**) *(skí d(e) foN)*. Na França, os Alpes são os melhores para praticar esqui nas montanhas e os Pirineus, para as trilhas. As estações de esqui na França tendem a ser modernas e eficientes; na Suíça, a ênfase está na tradição e na reputação. A Suíça tem praticamente 200 vilarejos e pequenas cidades equipados para o esqui na montanha. As condições de esqui de Montreal são anunciadas como "as melhores do leste". É possível até mesmo esquiar por trilhas (fazer cross-country) no **Parc du Mont-Royal** *(parc dy moN roiále)* na própria Montreal.

A seguinte tabela mostra o tempo condicional do verbo **vouloir** *(vuloar)* (desejar ou querer). A tradução condicional do verbo vouloir seria "gostaria de".

Conjugação	***Pronúncia***
je voudrais	j(e) vudré
tu voudrais	ty vudré
il/ele voudrait	il/éle vudré
nous voudrions	nu vudrioN
vous voudriez	vu vudriê
ils/elles voudraient	il/éle vudré

Indo à Praia

O banho de sol de *topless* é aceito na maioria das praias francesas e há também praias de nudismo, principalmente em torno de **Saint-Tropez** *(saN trope)* e **l'île du Levant** *(ile dy levaN)*. Antes de se despir completamente, olhe em volta para saber o que é aceitável! Como se diz: "Quando em Roma, faça como os romanos fazem."!

SABEDORIA CULTURAL

Se você vir um aviso informando **"Baignade interdite"** *(banhád ãNterdít)*, tenha cuidado. Isso significa: proibido nadar!

GRAMATICALMENTE FALANDO

Se você fizer algo para si ou por si mesmo, use um verbo reflexivo. Os verbos reflexivos são verbos regulares que anexam um pronome para mostrar quem recebeu a ação do verbo. A ação de um verbo reflexivo é sempre realizada pelo sujeito. O pronome geralmente fica implícito em português. A seguinte tabela mostra o uso do verbo reflexivo **se baigner** *(se benhê)* (nadar).

Conjugação	*Pronúncia*
je me baigne	j(e) me bênhe
tu te baignes	ty te bênhe
il/elle se baigne	il/éle se bênhe
nous nous baignons	nu nu banhóN
vous vous baignez	vu vu banhê
ils/elles se baignent	il/éle se bánhe

Eis alguns outros exemplos de usos dos verbos reflexivos:

- **Les enfants s'amusent sur la plage.** *(lezaNfaN samýse syr la plág(e))* (As crianças se divertem na praia.)
- **Nous nous promenons au bord de la mer.** *(nu nu promenoN ô bór d(e) la mér)* (Nós caminhamos pela praia.)

Acampando

O acampamento na costa é muito bem organizado. A maioria das áreas de acampamento tem chuveiros e restaurantes, assim como áreas separadas para bicicletas e barracas. Muitas estão situadas nas praias. É bom fazer reservas com bastante antecedência, em especial durante os meses de julho e agosto. O acampamento *off road* é ilegal. Porém, tente pedir permissão a um fazendeiro local para montar sua barraca em suas terras. **Pouvouns-nous camper ici, s'il vous plaît?** *(puvoN nu caNpê icí sil vu plé)* (Podemos acampar aqui, por favor?). Ele poderá deixar, contanto que você deixe a área como a encontrou e não faça barulho demais nem destrua o local.

Camping and Caravaning é um catálogo gratuito que lista os endereços, números de telefone e datas de funcionamento dos locais de acampamento na França. Está disponível no Departmental Office of Tourism 1, esplanade John-Fitzgerald-Kennedy, 06000 Nice ou place Raimu, 83000 Toulon, França.

Tendo uma Conversa

Pronto para praticar? O seguinte diálogo acontece entre Etienne (etiéne) e Christine (cristine), que estão indo acampar. Christine foi cochilando no carro.

Etienne: **Lève-toi! Nous sommes arrivés.**
lév toá nu somezarrivê
Levanta! Chegamos.

Christine: **Oh! C'est très joli, n'est-ce pas!**
oh cé tré jolí nésce pa
Ah! Como é bonito!

Etienne: **Oui. Montons la tente.**
uí moNtoN la taNt
Sim. Vamos montar a barraca.

Christine: **D'accord. Quels services y-a-t-il?**
dacór quéle servic(e) i a til
Tudo bem. Quais instalações eles têm?

Etienne: **Il y a des toilettes et des douches.**
ili a de toalét e de dúch(e)
Há banheiros e chuveiros.

Christine: **Voilà les sacs de couchage.**
voalá le sac d(e) cucháq(e)
Aqui estão os sacos de dormir.

Etienne: **Merci. Trouves-tu les allumettes?**
merci trýv ty lezalymét
Obrigado. Você encontrou os fósforos?

Christine: **Oui, les voilà.**
uí le voalá
Sim, aqui estão.

Etienne: **Bon. Je vais faire un feu de camp.**
boN j(e) vé fér ã fê d(e) caN
Bom. Vou fazer uma fogueira.

Tendo uma Conversa

O seguinte diálogo acontece entre Etienne e Christine, que estão decidindo o que fazer ao anoitecer, na área de acampamento.

Faixa 18

Etienne: **Christine, je vais pêcher.**
cristine j(e) vé pechê
Christine, vou pescar.

Christine: **Je n'aime pas pêcher. Je vais lire mon livre.**
j(e) néme pa pechê j(e) vé lir moN livre
Eu não gosto de pescar. Vou ler meu livro.

Etienne: **J'espère attraper des poissons pour le dîner.**
jespér atrapê de poassoN pur l(e) dinê
Espero pegar alguns peixes para o jantar.

Christine: **Tu as ta canne à pêche?**
ty a ta cán(e) a péch(e)
Você tem vara de pescar?

Etienne: **Oui et des vers aussi.**
uí ê de vér ossí
Sim, e algumas minhocas também.

Christine: **Dégoûtant! Allez!**
degutaN alê
Nojento! Vá embora!

Diversão & Jogos

Transforme as seguintes frases em comandos, usando a forma imperativa.

1. Nous écoutons la radio. (Ouvimos rádio.)

____

2. Tu ne skies pas si vite. (Você não esquia tão rapidamente.)

____

3. Nous jouons au foot. (Nós jogamos futebol.)

____

4. Tu bois ton chocolat. (Você bebe seu chocolate.)

____

Resposta:
1. Écoutons la radio.
2. Ne skie pas si vite.
3. Jouons au foot.
4. Bois ton chocolat.

Capítulo 9

Falando ao Telefone

Neste Capítulo

- Dando um telefonema
- Deixando um recado

Dando um Telefonema

SABEDORIA CULTURAL

O francês usa **"allô"** *(alô)* ao responder ao telefone e **bonjour** *(boNjur)* ao cumprimentar as pessoas em outro lugar. Além disso, em francês, um telefone toca **"drin, drin"** *(drin drin)*, não "trim trim".

Tendo uma Conversa

Faixa 19

O seguinte diálogo é uma conversa ao telefone onde **Pierre** (piér) está ligando para dizer a **Monique** (monique) a que horas o filme começa. Sua mãe, **Mme. La Grange** (madám(e) la graNg(e)) atende ao telefone. (Veja o Capítulo 7 para obter mais informações sobre como dizer as horas e o Capítulo 8 para obter mais informações sobre as atividades de passatempo.)

Mme. La Grange: **Allô?**
alô
Alô?

Pierre: **Allô, madame. C'est Pierre.**
alô madám(e) cé piér
Alô, senhora. É Pierre.

Mme. La Grange: **Oui, Pierre. Ça va?**
uí piér ça va
Sim, Pierre. Como vai?

Pierre: **Ça va bien. Est-ce que Monique est là?**
ça va biãN ésce qu(e) monique é lá
Estou bem. Monique está?

Mme. La Grange: **Oui, un moment, s'il te plaît. Ne quitte pas.**
uí ã momaN sil t(e) plé n(e) quít pa
Sim, só um minuto, por favor. Não desligue.

Monique: **Allô, Pierre?**
alô piér
Alô, Pierre?

Pierre: **Monique, le film commence à 18h (heures).**
monique l(e) film comaNc(e) a diz yítér
Monique, o filme começa às 6:00 da tarde (18:00).

Monique: **C'est super! À bientôt.**
cé sypér a biãNtô
Ótimo! Até logo.

Pierre: **Au revoir. À bientôt.**
o revoár a biãNtô
Adeus. Até logo.

Ao Correio!

La poste (la póst) (o Correio) oferece vários serviços além de apenas enviar cartas. Você pode fazer ordens de pagamento, comprar selos, cartões telefônicos, usar um telefone pago, enviar fax, abrir uma conta bancária, fazer um empréstimo ou investir dinheiro!

Deixando um Recado

Muitas vezes, as pessoas com as quais estamos tentando entrar em contato não estão disponíveis. Esteja você deixando um recado em **un répondeur** *(ã repoNdór)* (uma secretária eletrônica) ou diretamente com uma pessoa, esta seção informa o que é preciso saber.

Tendo uma Conversa

Faixa 20

O seguinte diálogo é uma conversa telefônica onde Pierre (piér) está ligando para falar com Marc (márc). Infelizmente, Marc não está em casa. Pierre deixa um recado com Christine (cristine), irmã de Marc.

Christine: **Allô?**
alô
Alô?

Pierre: **Allô, Christine? C'est Pierre. Ça va?**
alô cristIne cé piérre ça va
Alô, Christine? É Pierre. Como vai?

Christine: **Ça va bien. Et toi?**
ça va biãN ê toá
Estou bem. E você?

Pierre: **Bien. Est-ce que Marc est là?**
biãN ésce qu(e) márc é lá
Bem. Marc está?

Christine: **Non, il fait les courses.**
noN il fé le cúrs(e)
Não, ele foi às compras.

Pierre:	**Dommage! Dis-lui que j'ai téléphoné.** domág(e) di lyí qu(e) je telefonê Que pena! Diga que eu telefonei.
Christine:	**Bien sûr. Salut, Pierre.** biãN syr saly piér Claro. Tchau, Pierre.
Pierre:	**Salut, Christine.** saly cristine Tchau, Christine.

Vivendo no passado: Usando o tempo passado

Com base na conversa anterior, quando Marc voltar para casa, sua irmã lhe dirá que Pierre ligou enquanto ele estava fora. Essa ligação ocorreu no passado.

Em francês, o tempo passado é formado usando um verbo auxiliar, **avoir** *(avoár)* (ter) ou **être** *(étre)* (ser/estar) e um particípio passado. A maioria dos particípios passados usa **avoir**, mas uma pequena porcentagem usa **être**.

Revise a conjugação de **avoir** (ter) antes de continuar:

Conjugação	***Pronúncia***
j'ai	je
tu as	ty a
il/elle a	il/éle a
nous avons	nuzavoN
vous avez	vuzavê
ils/elles ont	il/élezoN

Você forma os particípios passados regulares omitindo o final do infinitivo e adicionando as seguintes terminações:

- O particípio passado dos verbos **-er** terminam em **é**:
  - **téléphoner** *(telefonê)* (telefonar ou ligar):
- **J'ai téléphoné à Monique.** *(je telefonê a monique)* (Eu liguei para Monique.)
  - **regarder** *(regardê)* (assistir)

    Nous avons regardé un film. *(nuzavoN regardê ã film)* (Nós assistimos a um filme.)
- O particípio passado dos verbos **-ir** terminam em **i**:
  - **choisir** *(choasír)* (escolher): **Il a choisi une banane.** *(ila choasí yne banane)* (Ele escolheu uma banana.)
  - **finir** *(finír)* (terminar): **Elles ont fini leur conversation.** *(élezon finí lér conversacioN)* (Elas terminaram sua conversa.)
- O particípio passado dos verbos **-re** terminam em **u**:
  - **attendre** *(ataNdre)* (esperar): **Tu as attendu le bus.** *(ty a ataNdy l(e) bys)* (Você esperou o ônibus).
  - **répondre** *(repoNdre)* (responder):

    Vous avez répondu à la question. *(vuzavê repoNdy a la kestioN)* (Você respondeu a pergunta.)

O francês também tem vários particípios passados irregulares. Os verbos irregulares não têm um padrão definido como os verbos regulares; portanto, você deve memorizá-los. A Tabela 9-1 lista os particípios passados irregulares mais comuns.

Tabela 9-1 Particípios passados irregulares comuns

Infinitivo	Particípio passado	Tradução
être (étre) (ser/estar)	**été** (etê)	sido/estado
avoir (avoár) (ter)	**eu** (y)	tido
faire (fér) (fazer)	**fait** (fé)	feito
pouvoir (puvoár) (poder)	**pu** (py)	podido
vouloir (vuloar) (querer	**voulu** (vuly)	querido

A seguinte lista fornece alguns exemplos de como usar os particípios passados dos verbos irregulares em uma frase:

- **Nous avons été en retard.** *(nuzavoN etê aN retár)* (Nós estávamos atrasados.)
- **Il a eu un message.** *(ila y ãN messág(e))* (Ele tinha um recado.)
- **Qu'est-ce que tu as fait?** *(quésce qu(e) ty a fé)* (O que você fez?)
- **Vous avez pu téléphoner à votre bureau.** *(vuzavê py telefonê a vótre byrô)* (Você pôde ligar para seu escritório.)
- **J'ai voulu un sandwich.** *(je vuly ã sanduích)* (Eu quis um sanduíche.)

Usando o tempo passado com être

- Suponha que **Janine** *(janine)*, uma menina, tenha dito que ela foi ao Correio. Ela diria:
- **Je suis allée à la poste.** *(j(e) syízalê a la póst)*
- Porém, se John, um menino, dissesse a mesma coisa, soaria igual, mas seria escrito de modo diferente:
- **Je suis allé à la poste.** *(j(e) syízalê a la póst)*

- Eis uma mãe dizendo a seu filho “Você foi ao Correio”: **Tu es allé à la poste.** *(ty ézalê a la póst)*
- Agora, ela diz à sua filha a mesma coisa:
- **Tu es allée à la poste.** *(ty ézalê a la póst)*

Viu a diferença na forma de soletar no particípio passado? Eis mais algumas:

- **Elle est allée à la poste.** *(éle étalê a la póst)* (Ela [feminino, singular] foi ao Correio.)
- **Nous sommes allés à la poste.** *(nu somezalê a la póst)* (Nós [masculino, plural] fomos ao Correio.)
- **Vous êtes allées à la poste.** *(vuzétezalê a la póst)* (Vocês [feminino, plural] foi ao Correio.)
- **Ils sont allés à la poste.** *(il soNtalê a la póst)* (Eles [masculino, plural] foram ao Correio.)

As regras para fazer os particípios passados concordarem com o número e o gênero do sujeito são as seguintes:

- Se o sujeito for masculino, singular, o particípio passado não muda. Ele terminará em é, i ou u, conforme o caso. O particípio passado muda a escrita apenas nos seguintes casos:
- Se o sujeito for feminino, o particípio passado terminará em **-e**.
- Se o sujeito for masculino plural, o particípio passado terminará em **-s**.
- Se o sujeito for feminino plural, o particípio passado terminará em **-es**.

Eis mais alguns exemplos comuns do verbo **être** *(étre)*:

- **Nous sommes restés ici.** *(nu some reste ici)*. (Nós ficamos aqui.)
- **Il est tombé.** *(ilé tombê)* (Ele caiu.)

- **Nous sommes descendus.** *(nu some dessaNdy)* (Nós descemos.)
- **Elle est entrée au supermarché.** *(éle é aNtrê ô sypermarchê)* (Ela entrou no supermercado.)
- **Vous êtes venus à la maison.** *(vuzéte vený a la mesoN)* (Vocês vieram para casa.)

Diversão & Jogos

Preencha as lacunas com a forma correta do particípio passado.

1. **J'ai _______________ le dîner. (finir)**

   Terminei o jantar.

2. **Est-ce qu'elles ont _______________ au téléphone? (parler)**

   Elas não estavam falando ao telefone?

3. **Il a _______________ une nouvelle auto. (vouloir)**

   Ele quis um novo carro.

4. **Nous avons _______________ à l'internet. (chercher)**

   Procuramos na internet.

5. **Qu'est-ce que vous avez _______________? (faire)**

   O que você fez?

6. **Il a _______________ des téléphones. (vendre)**

   Ele vendeu os telefones.

7. **J'ai _______________ un Minitel. (avoir)**

   Eu tinha um Minitel.

Resposta: 1. fini; 2. parlé; 3. voulu; 4. cherché; 5. fait; 6. vendu; 7. eu.

Capítulo 10

No Escritório e Pela Casa

Neste Capítulo

- Marcando um encontro
- Conduzindo um negócio
- Usando a Internet
- Visitando alguém

Nem toda viagem ao exterior é puramente por prazer. Nesta era de comércio internacional e mercado global, os homens de negócios podem viajar muito. Se esta for sua primeira viagem de negócios a um país que fala francês, saiba que todos desejam tornar sua visita algo agradável. Embora algumas práticas comerciais possam ser diferentes das suas, aprender e respeitar essas diferenças não só impressionará seus companheiros franceses, como também irá aproximá-lo muito mais do fechamento de um negócio.

Marcando um encontro

É considerado educado na França e na Bélgica agendar os compromissos com várias semanas de antecedência. Porém, saiba que alguns executivos franceses acreditam que seu prestígio será maior se não confirmarem um compromisso até no último minuto. Além disso, não espere que as secretárias francesas tenham autoridade para agendar compromissos. A maioria não tem acesso às agendas ou ao planejamento de seus chefes. Sua melhor aposta será contatar diretamente a pessoa com que está tentando encontrar-se.

Horários comerciais

Geralmente falando, os negócios ficam abertos das 8 ou 9 h até o meio-dia e das 14 às 17 ou 18 h, de segunda a sexta-feira. Muitos negócios abrem segunda-feira às 14:00 e ficam abertos aos sábados de 9 h até o meio-dia ou 13 h. Mesmo que os negócios possam estar abertos aos sábados, não tente agendar um compromisso. Geralmente, é um dia reservado para reuniões de vendas e conferências. Também pode ser difícil agendar compromissos na Bélgica nos dias de **Bourse** *(burse)* (segundas-feiras em Antwerp e quartas-feiras em Bruxelas) porque é quando os homens de negócio encontram os colegas de profissão para o almoço.

Hora do almoço

SABEDORIA CULTURAL

Os europeus geralmente têm uma "hora" de almoço maior do que os norte-americanos. **Le déjeuner** *(l(e) dejênê)* ou almoço dura de 1½ a 2 horas. Isto é extremamente importante ao tentar agendar compromissos. Os almoços comerciais são também mais comuns do que os jantares comerciais.

Negócios nas férias

SABEDORIA CULTURAL

Não planeje fazer negócios na França ou na Bélgica durante as duas semanas antes e depois do Natal ou da Páscoa. Também evite os meses de julho e agosto quando as lojas, teatros, restaurantes e negócios geralmente fecham para as férias anuais. (Agosto é o mês de férias para 80% da França.)

Tendo uma Conversa

Faixa 21

Dan Thompson, um executivo de publicidade americano, liga para agendar um compromisso e se encontrar com Monsieur (M.) Jean-Michel Seiffert (messiê jeãN michéle sefér), diretor executivo de uma cadeia de **supermarchés** (sypermarchê) (supermercados) franceses em Nice. A secretária do Monsieur Seiffert (**la secrétaire**) (la secretér) atende inicialmente.

La secrétaire:	**Companie France Supermarché, bonjour.** coNpaní fraNc(e) sypermarchê bonjur Alô, Companie France Supermarché.
Dan:	**Bonjour. Dan Thompson à l'appareil. Passez-moi M. Seiffert, s'il vous plaît.** boNjur daN toNpsoN a laparréi passê moá messiê sefér sil vu plé Alô. Dan Thompson ao telefone. Por favor, transfira para o Sr. Seiffert.
La secrétaire:	**Un instant. Ne quittez pas. Il est dans son bureau. Je vous le passe.** ã ãNstaN n(e) quitê pa ilé daN soN byrrô j(e) vu l(e) páss(e) Um momento. Não desligue. Ele está em seu escritório. Vou transferi-lo.
M. Seiffert:	**Allô, M. Thompson?** alô messiê toNpsoN Alô, Sr. Thompson?
Dan:	**Allô, M. Seiffert, bonjour. Je vais à Nice le 14 juin. Je voudrais fixer un rendez-vous pour discuter votre stratégie de marketing.** alô messiê sefér boNjur j(e) vé a nice l(e) catórz(e) jyãN j(e) vudré ficsê ã raNde vu pur diskytê vótre strategí dê marketín Alô, Sr. Seiffert. Estarei em Nice no dia 14 de junho. Gostaria de agendar uma reunião para discutir sua estratégia de marketing.
M. Seiffert:	**Ah, bon. Un instant. Je consulte mon calendrier. Ça va, je suis libre le 14 juin à 15h30.** ah boN ã ãNstaN j(e) coNsylt moN calaNdriê ça va j(e) syí líbre l(e) catórz(e) jyaN a cãNzér traNt Bom. Um minuto. Vou consultar minha agenda. Sim, estou livre no dia 14 de junho às 15h30.

Dan: **Très bien. Le 14 juin à 15h30.**
tré biãN l(e) catórz(e) jyãN a cãNzér ê traNt
Muito bem. 14 de junho às 15:30.

M. Seiffert: **Au revoir.**
o revoár
Adeus.

Conduzindo um Negócio

LEMBRE-SE

Seja pontual. No norte da França há uma maior rigidez em relação ao horário. O tráfego parisiense pode tornar a pontualidade mais difícil; portanto, reserve muito tempo para chegar ao seu compromisso. Geralmente falando, os parisienses são adaptáveis e não ficarão chateados se você estiver de dez a 15 minutos atrasado. As pessoas são mais relaxadas em relação aos horários no sul.

Tendo uma Conversa

O seguinte diálogo ocorre durante uma reunião entre Dan Thompson, o executivo de publicidade, e Jean-Michel Seiffert, o **P-DG** da Companie France Supermarché.

M. Seiffert: **M.Thompson, bienvenue à Nice. Asseyez-vous.**
messiê toNpsoN biãNveny a nice asseiê vu
Sr. Thompson, bem-vindo a Nice. Sente-se.

Dan: **Merci, monsieur. Vouz avez reçu mon message électronique?**
merci messiê vuzavê recy moN messág(e) electroníque
Obrigado, senhor. Você recebeu meu e-mail?

M. Seiffert: **Oui, je l'ai reçu. Vouz pouvez l'expliquer, s'il vous plaît?**
uí j(e) le reçy vu puvê lecspliquê sil vu plé
Sim, recebi. Você pode explicá-lo, por favor?

Dan: **Bien sûr. Il y a un problème avec le zapping pen dant vos spots, n'est-ce pas?**

biaN syr ili a aã problém(e) avec l(e) zapín paN daN vo spó nésce pa

Claro. Há um problema com a navegação do canal durante seus comerciais, certo?

M. Seiffert: **Oui. Les consommateurs s'énervent et ils zappent constamment.**

uí le coNsomatér senérv ê il záp coNstamaN

Sim, os consumidores ficam chateados e mudam constantemente.

Dan: **J'ai une idée. Il vous faut un slogan émotionnel.**

je yne idê il vu fô aã slogáN emocionéle

Tenho uma ideia. Vocês precisam de um slogan emocional.

M. Seiffert: **Intéressant. Mais, ils sont pratiques. Avez-vous des examples?**

ãNteressaN mé il soN pratíque avê vu dez eczaNple

Interessante. Mas, eles são práticos. Você tem algum exemplo?

Dan: **Les voilà. Ma sécretaire va télécopier notre contrat. Puis-je utiliser votre téléphone?**

le voalá ma secretér vá telecopiê nótre contrá pyí j(e) ýtilisê vótre telefóne

Aqui estão. Minha secretária enviará nosso contrato por fax. Posso usar seu telefone?

M. Seiffert: **Mais certainement! Dans l'intervalle, ma sécretaire va faire des copies.**

mé certenemaN daN lãNtervál(e) ma secretér va fér de copí

Certamente. Nesse ínterim, minha secretária fará algumas cópias.

Usando a Internet

Dezenas de negociantes franceses iniciam sites Web a cada semana. Alguns desses sites estão apenas em francês ou em inglês, e outros são bilíngues.

Tendo uma Conversa

Depois das cópias feitas, Dan e M. Seiffert continuam sua discussão sobre a nova estratégia de marketing para a Companie France Supermarché.

Dan: **Il y a beaucoup de personnes qui surfent Le Web, n'est-ce pas?**

ili a bocú d(e) persóne qui syrf l(e) uéb nésce pa

Há muitas pessoas que navegam a Web, certo?

M. Seiffert: **Oui. Pourquoi?**

uí purquóa

Sim. Por quê?

Dan: **Il vous faut un site pour Companie France Supermarché.**

il vu fô ã sit pur coNpaní fraNc(e) sypermarchê

Vocês precisam de um site para a **Companie France Supermarché** .

M. Seiffert: **Ça m'intéresse beaucoup. Continuez.**

ça mãNteréss(e) bocú coNtinyê

Isso é muito interessante. Continue.

Dan: **Chaque personne doit avoir un login. Vous pouvez envoyer un e-mail à chaque personne en annon çant ce qui est en solde.**

chaque persóne doá avoár ã loguiN vu puvê aNvoaiê ã emél a chaque persóne aN anoN çaN c(e) qui é aN sólde

Cada pessoa precisará de um login. Você pode enviar um e-mail a cada pessoa, informando-lhe o que está em liquidação.

M. Seiffert: **Comment?**

comaN

Como?

Dan: **Elles doivent s'abonner. Elles vont cliquer sur une icône pour recevoir vos publicités.**

éle doav sabonê éle voN cliquê syryne icóne pur recevoár vo pyblicitê

Eles devem assinar. Elas vão clicar em um ícone para receber seus anúncios.

M. Seiffert: **Excellent! Je crois que votre idée est indispensable. Nous avons reçu votre télécopie. Je vais lire votre contrat. Pouvez-vous dîner chez mois ce soir?**

ecselaN j(e) croá qu(e) votre idê é ãNdispaNsá ble nuzavoN recy vótre telecopí j(e) vé lir vótre coNtrá puvê vu dinê chê moá c(e) soár

Excelente! Acho sua ideia indispensável. Recebemos seu fax. Vou ler seu contrato. Você pode vir à minha casa para jantar hoje à noite?

Dan: **Merci. À ce soir.**

merci a c(e) soár

Obrigado. Vejo-o à noite.

Não procure pelo "ponto com ponto br"

Na Europa, cada endereço da Internet termina com as letras que identificam o país que hospeda o endereço. Na França, essas duas letras são **.fr**. Por exemplo, se você quisesse conectar-se ao site Yahoo! francês, digitaria **www.yahoo.fr**. Lembre que este site é inteiramente em francês!

Visitando Alguém

SABEDORIA CULTURAL

Em francês, há uma diferença entre **la salle de bains** *(la sal(e) d(e) bãN)* e **les toilettes** *(le toalét)*. **La salle de bains** literalmente significa banheiro ou um lugar para o banho. Não é necessariamente um toalete. Se você estiver procurando um toalete, pergunte por **les toilettes** ou o **W.C.** *(dublevê cê)* ou "vaso sanitário".

Se você for convidado para um jantar em uma casa francesa ou belga, seja educado e leve um presente para o anfitrião ou anfitriã. Doces, biscoitos ou flores são bons presentes.

Tendo uma Conversa

Faixa 22

M. Seiffert acabou de ligar para sua esposa, Élise, e informou-lhe que está levando seu amigo de negócios para jantar em sua casa. Madame Seiffert está falando com seus dois filhos.

Élise: **Charles! Joséphine! Vite! Vous devez m'aider à faire le ménage.**
chárle josefíne vít vu devê medê a fér l(e) menág(e)
Charles! Josephine! Rápido! Vocês precisam ajudar-me a limpar a casa.

Charles: **Pourquoi, maman?**
purquoá mamaN
Por quê, mamãe?

Élise: **Votre papa a invité un collègue à dîner.**
votre papá a ãNvitê ã colégue a dinê
Seu pai convidou um colega para o jantar.

Joséphine: **Je fais mon lit.**
j(e) fé moN lí
Vou fazer minha cama.

Charles: **Je range ma chambre.**

j(e) raNg(e) ma chaNbre

Vou limpar meu quarto.

Élise: **Charles, passe l'aspirateur dans la salle de séjour. Joséphine, nettoie la salle de bains et les toilettes.**

chárle pásse laspirratér daN la sál(e) d(e) sejúr josefíne netoá la sal(e) d(e) bãN ê le toalét

Charles, passe o aspirador na sala de estar. Josephine, limpe o banheiro e os toaletes.

Joséphine: **Et quoi d'autre, maman?**

ê coá dôtre mamaN

E o que mais, mamãe?

Élise: **Mettez la table.**

metê la table

Coloquem a mesa.

Charles: **Et toi maman, qu'est-ce que tu vas faire?**

ê toá mamaN quésce qu(e) ty va fér

E você, mamãe, o que você vai fazer?

Élise: **Moi? Je vais faire la cuisine, je vais faire un gâteau, et je vais faire la vaisselle!**

moá j(e) vé fér la kyisine j(e) vé fér ã gatô ê j(e) vé fér la vesséle

Eu? Vou cozinhar, fazer um bolo e lavar os pratos!

(Para saber mais sobre o futuro com "aller", veja o Capítulo 8.)

Diversão & Jogos

Dê o nome dos cômodos da casa ilustrados no seguinte desenho.

A B

C D E

A. ______________________

B. ______________________

C. ______________________

D. ______________________

E. ______________________

Resposta:
A. la salle de bains; B. la chambre à coucher; C. la salle à manger; D. La cuisine; E. la salle de séjour.

Parte III

Francês para Viajar

A 5ª onda por Rich Tennant

Nesta parte...

A maioria dos leitores deste livro terá que fazer alguma viagem para poder usar o francês, e é sobre isto que trata esta parte. Cobrimos todos os aspectos de uma viagem, desde a troca de dinheiro até o uso do transporte público e reservas em um quarto de hotel.

Capítulo 11

Dinheiro, Dinheiro, Dinheiro

Neste Capítulo

- Trocando dinheiro e sacando cheques
- Entendendo a moeda
- Usando caixas eletrônicos e cartões de crédito

O dinheiro **(l'argent)** *(larjaN)* faz o mundo girar, como dizem por aí, e você precisa de dinheiro para rodar o mundo. Portanto, este capítulo ajuda você a expressar suas necessidades de modo claro através de vários tipos de transações de dinheiro. Neste capítulo, vou analisar a parte divertida de como lidar com o dinheiro: gastá-lo. Veja o Capítulo 16 para enfrentar os possíveis problemas, como, por exemplo, perdê-lo.

No Banco

Um dos primeiros lugares que você pode precisar localizar quando viaja é um lugar para trocar sua moeda pela moeda local. A seguir estão três lugares convenientes para trocar dinheiro com uma taxa razoável:

- Bancos **(les banques)** *(le baNqu(e)*. Os horários do banco **(heures d'ouverture et de fermeture)** *(hér duvertyr ê d(e) fermetyr)* podem variar entre 8:00 e 9:00 da manhã e entre 3:00 e 5:00 da tarde. Alguns bancos fecham durante a hora do almoço, o que pode durar até duas horas. Especialmente nas cidades menores, os bancos são, em geral, os mais convenientes, uma vez que pode não haver um escritório específico para troca de moedas.

- **Câmbios de moeda (un bureau de change)** *(ã byrô d(e) chaNge)*. Estes negócios estão por todo lugar nas grandes cidades e são onde os turistas aparecem. Porém, verifique as taxas e as comissões primeiro, porque elas podem variar muito. Um banco geralmente é uma boa alternativa.
- **Correios (la poste)** *(la póst)*. Na França, você também pode trocar dinheiro em muitos Correios. Eles abrem às 8:00 da manhã e fecham às 6:00 da tarde, e mesmo que este serviço não seja oferecido em todos os Correios, eles sempre são capazes de enviá-lo para o lugar mais próximo onde você poderá trocar o dinheiro.

Você também pode encontrar outros lugares, como, por exemplo, saguões de hotéis, mas suas taxas são geralmente menos favoráveis. Do mesmo modo, embora você possa ter que trocar alguns dólares no balcão de câmbio do aeroporto em sua chegada, lembre-se de que muito provavelmente poderá fazer um negócio melhor se esperar até chegar à cidade para trocar o dinheiro em um banco.

Entrando no banco

Ao entrar em um banco, alguém pode se oferecer para ajudá-lo. Você pode ouvir uma das seguintes frases:

- **Vous désirez?** *(vu desirrê)*
- **Je peux vous aider?** *(j(e) pê vuzedê)*

Ambas significam: Posso ajudá-lo?

Mas, mesmo que ninguém pergunte, simplesmente vá até um funcionário e explique o que você deseja. As duas coisas mais comuns que você deseja fazer em um banco francês são trocar dinheiro de uma moeda para outra e receber algum tipo de cheque.

Inicie sua pergunta com

Je voudrais... *(j(e) vudré)* (Eu gostaria de...)

e, então, adicione as particularidades:

... changer des dollars en euros. *(chaNgê de dolár aN euros)* (trocar os dólares em euros.)

...encaisser un chèque. *(aNquessê ã chéque).* (receber um cheque.)

Naturalmente, como os bancos cobram uma taxa adicional (um preço global que pode variar entre os bancos), geralmente convém saber a taxa de câmbio primeiro. Portanto, simplesmente pergunte de modo muito direto:

Quel est votre taux de change? *(quélé vótre tô dê chaNg(e))* (Qual é sua taxa de câmbio?)

Verbos como poder, querer e precisar

Os verbos como, por exemplo, poder, querer ou precisar requerem um verbo depois deles na forma infinitiva, como nestes exemplos:

- **Tu peux traduire** *(ty pê tradyir)* (Você pode traduzir.)
- **Vous pouvez choisir** *(vu puvê choasir)* (Você pode escolher.)
- **Pouvez-vous signer ici?** *(puvê vu sinhê icí)* (Você pode assinar aqui?)
- **Je veux changer de l'argent** *(j(e) vê chaNgê d(e) larjaN)* (Eu quero trocar o dinheiro.)
- **Il doit attendre un peu** *(il (e) doá ataNdre ã pê)* (Ele tem que esperar um pouco.)

Objetos de preposições

Depois de uma preposição como, por exemplo, "para, com, sem" etc. eu, tu ele, nós, vocês ou eles torna-se **moi, toi** ou **lui/elle, nous, vous, eux/elles** *(moá, toá, lyí/éle, nu, vu, ê/éle)*. Aqui estão os pronomes pessoais usados depois das preposições:

- **pour moi** *(pur moá)* (para mim)
- **avec moi** *(avéc moá)* (comigo)

- **sans toi** *(saN toá)* (sem você)
- **pour lui/elle** *(pur lyí/éle)* (para ele/ela)
- **avec nous** *(avec nu)* (conosco)
- **sans vous** *(saN vu)* (sem vocês)
- **pour eux/elles** *(pur ê/éle)* (para eles/elas)

Nós/alguém

Falando geralmente, o francês usa uma construção bem simples com um sujeito impessoal. Por exemplo,

Nous avons besoin d'argent liquide. *(nuz avoN besoãN darjaN liquíde)*

torna-se

On a besoin d'argent liquide. *(oNa besoãN darjaN liquíde)* (Precisa-se de dinheiro vivo.)

Do mesmo modo, os franceses preferem:

On peut payer ici. *(oN pê peiê icí)* (Pode-se pagar aqui.)

On peut parece muito melhor aos ouvidos franceses do que a boa e velha forma **nous pouvons** *(nu puvoN)* (nós podemos). **On** *(oN)* (alguém, no significado impessoal) é o que você geralmente ouve e, algumas vezes, também substitui a forma "eles", talvez só para ser mais casual:

Ah, ils ouvrent! *(ailzuvre) (eles abrem)*

torna-se

Ah, on ouvre! *(a oNúvre)* (Ah, estão abrindo.)

Tendo uma Conversa

Faixa 23

Martin, um turista canadense, vai para a casa de câmbio em Nice para trocar seus dólares canadenses em francos franceses.

Funcionária: **Bonjour, monsieur, vous désirez?**

boNjur messiê vu desirrê

Bom dia, senhor, em que posso ajudá-lo?

Martin: **Bonjour, madame. Je voudrais changer cent dollars canadiens.**

boNjur madáme j(e) vudré chaNgê çaN dolár canadiaN

Olá, senhora. Eu gostaria de trocar cem dólares canadenses.

Funcionária: **Très bien, monsieur. Un moment, s'il vous plaît... Bon ça fait EUR 400... Voilà, et votre reçu.**

tré biãN messiê ã momaN sil vu plé boN ça fé catre çaN euro voalá ê vótre recy

Muito bem, senhor. Um momento, por favor... Bem, são 400 euros... Aqui estão, junto com seu recibo.

Martin: **Merci, et au revoir.**

merci ê o revvár

Obrigado e adeus.

Funcionária: **Au revoir, monsieur.**

o revuár messiê

Adeus, senhor.

Lidando com os adjetivos possessivos

Os adjetivos possessivos – meu, seu, dele etc. – mudam para "concordar" com o gênero e o número (singular ou plural) do substantivo, exatamente como os artigos (le, la, les) (l(e) la le).

Substantivo masculino no singular:

mon, ton, son chèque *(moN toN soN chéque)*: meu, seu, cheque dele/dela

notre, votre, leur chèque *(nótre, vótre lér chéque)*: nosso, seu, cheque deles/delas

Substantivo feminino no singular:

ma, ta, sa carte *(ma ta sa cárte)*: minha, sua, carta dele/dela

notre, votre, leur carte *(nótre, vótre lér cárte)*: nossa, sua, carta deles/delas

Substantivo masculino ou feminino no plural:

mes, tes, ses dollars *(me te se dolár)*: meus, teus, seus dólares (dele)

nos, vos, leurs dollars *(no vo lér dolár)*: nossos, vossos, seus dólares (deles)

Fazendo a troca

O equivalente para a expressão portuguesa "Preciso trocar/de troco" (dinheiro trocado) é **J'ai besoin de monnaie** *(je besoãN d(e) moné)* em francês.

LEMBRE-SE

Tenha cuidado de não traduzir, sem querer, a palavra "dinheiro" como **monnaie**, só porque a palavra lembra monetário. A palavra "dinheiro" corresponde a **argent** *(arjaN),* em francês.

Na França (em um café, por exemplo, quando o funcionário deseja que você pague com uma nota menor do que uma nota de 20 euros), podem pedir
a você:

Avez-vous de la (petite) monnaie! *(avê vu d(e) la p(e)tit moné)* (Você tem troco (pequeno?))

Em Québec, porém, na mesma situação, a pergunta seria:

Avez-vous du p'tit change? *(avê vu dy ptí chaNg(e))* significando exatamente a mesma coisa.

Ou você pode ouvir em Quebec:

Je voudrais faire du change *(j(e) vudré fér dy chaNge)*: Gostaria de um troco (trocar o dinheiro).

que na França seria:

Je voudrais faire de la monnaie *(j(e) vudré fer d(e) la moné)*, novamente significando exatamente a mesma coisa.

Dinheiro francês (L'argent français) (larjaN fraNcé)

O euro, como todas as outras unidades monetárias, vem na forma de moedas e notas com várias valores. Você pode ver qualquer um dos seguintes:

- **Moedas:** 1, 2, 5, 10, 20, 50 centavos.
- **Notas:** 5, 10, 20, 50, 100, 200, 500 euros. Diferente das notas de dólares americanos, que têm o mesmo tamanho e cor, as notas europeias aumentam de tamanho com o valor, são muito coloridas e representam pessoas francesas famosas, tais como escritores pintores e músicos.

Usando seu cartão de crédito em um caixa eletrônico

As máquinas funcionam basicamente do mesmo modo como funcionam em seu país. Em geral, você pode escolher que as perguntas sejam feitas em inglês; se não, a seguinte seção deverá ajudá-lo.

Conhecendo a linguagem do caixa eletrônico

Caso a máquina não tenha uma opção de idioma, eis as frases francesas que você precisa saber para usar um caixa eletrônico:

- **Insérez votre carte svp** *(ãNserrê vótre cárt sil vu plé)* (Insira seu cartão, por favor.)

- **Tapez votre code svp.** *(tapê vótre cód sil vu plé)* (Digite sua senha, por favor.)
- **Retrait d'espèces.** *(r(e)tré despéce)* (Saque.)
- **Voulez-vous un reçu?** *(vulê vu ã recy)* (Deseja um comprovante?)
- **Carte en cours de vérification.** *(cart aN cur d(e) verrificacioN)* (Verificando seu saldo.)
- **Patientez svp.** *(paciaNtê sil vu plé)* (Aguarde, por favor.)
- **Reprenez votre carte svp.** *(reprenê vótre carte sil vu plé)* (Retire seu cartão, por favor.)
- **Prenez votre argent.** *(prenê vótre arjaN)* (Pegue seu dinheiro, por favor.)
- **N'oubliez pas votre reçu.** *(nubliê pa vótre reçy)* (Não esqueça seu recibo.)
- **Au revoir.** *(o revuár)* (Adeus.)

Tendo uma Conversa

Faixa 24

Julie comprou alguns guias de viagem e deseja pagar com seu cartão de crédito. Infelizmente, a loja não aceita cartões.

Julie: **Bonjour, monsieur, vous acceptez les cartes de crédit?**

boNjur messiê vuzacséptêle carte d(e) credí

Olá, senhor, você aceita cartões de crédito?

Vendedor: **Ah, non, désolé.**

A noN desolê

Ah, não, sinto muito.

Julie: **Zut! Alors, où est-ce qu'il y a un distributeur près d'ici?**

	zyt alor u ésce quili a ã distribytér pré dicí
	Ah, não! Então, onde fica o caixa eletrônico mais perto daqui?
Vendedor:	**Il y en a un en face.**
	ili aN a ã aN fác(e)
	Há um do outro lado da rua.
Julie:	**Je reviens tout de suite.**
	j(e) reviaN tu d(e) syíte
	Volto já.
	Pouvez-vous garder mes guides?
	puvê vu gardê me guíd
	Você pode segurar meus guias?
Vendedor:	**Avec plaisir. Ne vous inquiétez pas.**
	avec plesir nê vuzãNquietê pa
	Com prazer. Não se preocupe.
Julie:	**Merci, à tout de suite.**
	merci a tu d(e) syít
	Obrigado, volto logo.

Comandos negativos

Para os comandos negativos, precisamos "colocar" o **ne... pas** *(nê pa)* (não) que você usa para as negações diretas em volta do verbo, inclusive qualquer pronome, como, por exemplo, **vous**, que vai com o verbo. Verifique estes exemplos:

- **N'attendez pas Paul.** *(nataNdê pa póle)* (Não espere por Paul.)
- **Ne vous inquiétez pas.** *(nê vuzãNquietê pa)* (Não se preocupe.)

E, como em português, nunca use um sujeito em um comando, seja ele negativo ou positivo.

Uma pequena preposição à é traduzida de muitos modos diferentes. Veja alguns exemplos:

- **à tout de suite** *(a tu d(e) syít)* (até daqui a pouco)
- **à demain** *(a demãN)* (até amanhã)
- **à ce soir** *(a c(e) soár)* (até a noite)
- **à samedi** *(a samedí)* (até o sábado)

Diversão & Jogos

Encontre os equivalentes franceses e preencha as linhas:

_ _ _ i _ i _ une banque

avec _ _ _ i _ i _

carte _ _ _ _ _ _ i _

vous _ _ _ i _ _ _

_ _ _ _ i _ _ _ _ un chèque

_ _ _ i _ _ _ _ _, s'il vous plaît

_ i _ _ _ i _ _ _ _

_de billets

Aqui estão os equivalentes em português (não em ordem) das palavras que você está procurando:

receber um cheque – cartão de crédito – caixa eletrônico – com prazer – escolher um banco – aguarde, por favor – posso ajudá-lo

Capítulo 12

Onde é o Louvre? Pedindo Orientações

Neste Capítulo

- Perguntando onde estão as coisas
- Pedindo orientações
- Conseguindo ajuda quando você está perdido

Ao sair de viagem, você provavelmente tem uma boa ideia de todas as coisas que deseja fazer e dos lugares que deseja ver. Então, pesquisa como chegar lá, qual tipo de transporte precisará e como se preparar para a viagem. Porém, precisará saber perguntar coisas simples do dia a dia como: onde é o ponto de ônibus mais próximo, ou, como encontrar o banheiro.

Fazendo Perguntas com "Onde"

As perguntas com onde são feitas do mesmo modo em francês como em português. O verbo mais associado à palavra da pergunta où (u) é o verbo ser/estar: être (étre).

- **Où est le Louvre?** *(u é l(e) lúvre)* (Onde é o Louvre?)
- **Où est la place Victor Hugo?** *(u é la plác(e) victôr hygô)* (Onde é a praça Victor Hugo?)
- **Où sont les toilettes?** *(u soN le toalét)* (Onde é o banheiro?)

Porém, há outro verbo, **se trouver** *(s(e) truvê)* (encontrar-se/estar localizado), que é muito usado neste contexto:

- **Où <u>se trouve</u> le Louvre?** *(u s(e) trúv l(e) lúvre)* (Onde se encontra/está o Louvre [localizado]?)
- **Où <u>se trouve</u> la place Victor Hugo?** *(u s(e) trúv la plác(e) victôr hygô)* (Onde se encontra/está a praça Victor Hugo?)
- **Où <u>se trouvent</u> les toilettes?** *(u s(e) trúv le toalét)* (Onde se encontra/está o banheiro?)

Em qualquer caso, você vê que **où** é seguido do verbo, que é seguido pelo sujeito.

Esta estrutura de frase é usada para todos os outros verbos escolhidos para usar com **où**:

- **Où va ce bus?** *(u va c(e) bys)* (Aonde está indo este ônibus?)
- **Où mène cette rue?** *(u méne cét ry)* (Aonde leva esta estrada/rua?)

Respondendo a Perguntas com "Onde"

Fazer perguntas é sempre mais fácil que respondê-las. Como regra, você pode usar a preposição **à** (a) significando "para" ou "em" quando você deseja dizer que está indo para ou ficando em uma cidade. Por exemplo:

- **Je vais à Lille.** *(j(e) vé a líle)* (Estou indo para Lille.)
- **Ils sont à Montréal.** *(il soNt a moN-redle)* (Eles estão em Montreal.)

Porém, quando você deseja falar sobre ir para ou ficar em lugares em geral, como, por exemplo, museus, catedrais ou igrejas, precisa adicionar um artigo depois de **à**. Pode parecer complicado, pois **à** contrai-se com o masculino e apenas com o masculino **le** (l(e)) e o plural **les** (le). Os seguintes exemplos mostram como **à** combina-se com cada um dos artigos:

- **Sylvie va** **<u>au</u>** (à + le = au) **musée.** *(silví vá o mysê)* (Sylvie vai ao museu.)
- **Guy veut aller** **<u>à la</u>** **cathédrale.** *(gui vêtalê a la catedrále)* (Guy deseja ir à catedral.)
- **Les Martin vont** **<u>à l'</u>église St. Paul** *(le martaN voNt a leglise sãN póle)* (Os Martins vão à igreja São Paulo.)
- **Allez aux** (à + les = aux) **sèmaphore!** *(alê o fê)* (Vá para o semáforo!)

Algumas vezes, você pode obter uma resposta realmente rápida, em especial quando o lugar sobre o qual está perguntando está logo à sua frente. Portanto, alguém pode lhe dizer:

- **Voici la poste... le musée... l'université!** *(voací la póst l(e) mysê lyniversitê)* (Aqui está o correio... o museu... a universidade!)
- **Voilà les bureaux!** *(voalá le byrrô)* (Lá estão os escritórios!)

Pedindo Instrução Sobre Orientações

Entender algumas expressões básicas ajuda você a ter a ideia geral ou uma orientação sobre onde ir.

- **Excusez-moi** *(ecscysê moá)* (Desculpe-me.)
- **Pardon** *(pardoN)* (perdão)
- **Je ne comprends pas.** *(j(e) n(e) coNpraN pa)* (Eu não entendo.)
- **Est-ce que vous pouvez répéter, s'il vou plaît?** *(ésce qu(e) vu puvê repetê sil vu plé)* (Você pode repetir, por favor?)
- **(Parlez) plus lentement.** *([parlê] ply laNtemaN)* ([Fale] mais lentamente.)
- **Qu'est-ce que vous avez dit?** *(quésce qu(e) vuzavê dí)* (O que você disse?)

Naturalmente, sempre é útil saber como dizer "obrigado" ou "muito obrigado", que em francês se traduz como **merci** *(merci)* ou **merci beaucoup** *(merci bocú)*. Em resposta, você pode ouvir **de rien** *(d(e) riãN)* ou **Je vous en prie** *(j(e) vuzaN prí)*, que significa, respectivamente, "de nada" ou "não seja por isso".

Tendo uma Conversa

Faixa 25

John e Ann estão no saguão do hotel pedindo orientações para irem à catedral de Notre Dame.

Recepcionista: **Bonjour, monsieur. Vous désirez?**

boNjur messiê vu desirrê

Bom dia, senhor. Posso ajudá-lo?

John: **Nous voulons aller à pied à Notre Dame. Est-ce que c'est loin?**

nu vuloN alê a piê a nótre dán(e) ésce qu(e) cé loãN

Queremos andar (ir a pé) até Notre Dame. É longe?

Recepcionista: **Non, c'est à 15 minutes peut-être. Vous sortez de l'hôtel, tournez à gauche et continuez tout droit.**

noN cé a cãNz(e) minýt pêtétre vu sortê d(e) lotél turnê a gôche ê continyê tu droá

Não, são 15 minutos mais ou menos. Vocês saem do hotel, viram à esquerda e continuam em frente.

John: **Et ensuite?**

ê aNsyíte

E depois?

Recepcionista:	**Vous allez voir la cathédrale après le Pont Neuf.** vuzalê voar la catedrále apré lê poN néf. Vocês verão a catedral depois da Pont Neuf.
John:	**Merci beaucoup** mercí bocú Muito obrigado.
Recepcionista:	**Je vous en prie.** j(e) vuzaN prí Não há de quê.

Descobrindo os números ordinais

Exceto por **premier** *(premiê)* (primeiro), todos têm **-ième** depois do número (exatamente como *-ésimo* em português).

Se o número cardinal terminar em **-e**, o **-e** será omitido: Por exemplo, **quatre** *(catre)* (quatro) se tornará **quatrième** *(catriéme)* (quarto).

Un *(ã)* (um), **cinq** *(çãNq)* e **neuf** *(néf)* têm formas especiais, como você pode ver na Tabela 12-1.

Tabela 12-1 Números ordinais

Palavra (numeral)	Pronúncia
premier (1er)	(premiê)
deuxième (2ème)	(dêziéme)
troisième (3ème)	(troasiéme)
quatrième (4ème)	(catriéme)

Tabela 12-1 Números ordinais

Palavra (numeral)	Pronúncia
cinquième (5ème)	(çãNquiéme)
sixième (6ème)	(siziéme)
septième (7ème)	(sétiéme)
huitième (8ème)	(yitiéme)
neuvième (9ème)	(néviéme)
dixième (10ème)	(diziéme)
onzième (11ème)	(oNziéme)
douzième (12ème)	(duziéme)
treizième (13ème)	(tréziéme)
quatorzième (14ème)	(catórziéme)
quinzième (15ème)	(cáNziéme)
seizième (16ème)	(séziéme)
dix-septième (17ème)	(diz sétiéme)
dix-huitième (18ème)	(diz yitiéme)
dix-neuvième (19ème)	(diz nôviéme)
vingtième (20ème)	(vâNtiéme)
vingt et unième (21ème)	(vâNteyniéme)
vingt-deuxième (22ème)	(vâNtedôsiéme)
trentième (30ème)	(traNtiéme)
quatre-vingtième (80ème)	(catre vâNtiéme)
quatre-vingt-deuxième (82ème)	(catre vâN dôsiéme)
centième (100ème)	(çaNtiéme)
deux centième (200ème)	(dâ çaNtiéme)

Tendo uma Conversa

Faixa 26

Vivian está procurando a praça Rodin. Ela pede orientação ao policial.

Vivian: **Excusez-moi, s'il vous plaît. Pour aller àla place Rodin?**
ecsysê moá sil vu plé pour alê àla pláce rodãN
Desculpe-me, por favor. Como chego à praça Rodin?

Policial: **Prenez la troisième rue à droite, et c'est tout droit.**
prenê la troasiéme ry a droát ê cé tu droá
Pegue a terceira rua à direita e siga em frente.

Vivian: **Bon. La troisième à droite. Elle s'appelle com ment, cette rue?**
boN la troasiéme a droát éle sapéle comaN céte ry
Tudo bem. A terceira à direita. Qual é o nome dessa rua?

Policial: **C'est la rue Mottes. Il y a la poste au coin.**
cé la ry mót ili a la póst o coãN
É a rua Mottes. Há um correio na esquina.

Vivian: **Merci beaucoup.**
mercí bocú
Muito obrigada.

Indo para o norte, sul, leste e oeste

Primeiro, você pode precisar saber os pontos cardeais da bússola:

- **nord** *(nór)*
- **nord-est** *(nórést)*
- **est** *(ést)*
- **sud-est** *(sydést)*
- **sud** *(syd)*

- **sud-ouest** *(syduést)*
- **ouest** *(uést)*
- **nord-ouest** *(nóruést)*

Quando você pede ou dá orientações, sempre adicione **au** ou **à l'** (ao ou no) (a) na frente do ponto cardeal, como nos seguintes exemplos:

- **Paris est au nord de Nice.** *(parrí é o nór d(e) nice)* (Paris fica ao norte de Nice.)
- **New York est au sud de Montréal.** *(niu iórq é o syd d(e) moN-reâle)* (Nova York fica ao sul de Montreal.)
- **Madagascar est au sud-est de l'Afrique.** *(madagascár é o syd ést d(e) lafríque)* (Madagascar fica no sudeste da África.)
- **La Belgique est à l'est de la France.** *(la belgíque é a lést d(e) la fráNc(e))* (A Bélgica fica no leste da França.)
- Como **ouest** começa com "o", que é uma vogal, você usa **à l'** em vez de **au (à+le=au)** contraído.

Em francês, a maioria dos adjetivos é colocada depois do substantivo que eles descrevem, como em português: **un voyage intéressant** *(ã voaiág(e) ãNteressaN)* significa "uma viagem interessante".

Porém, esta regra muda quando os adjetivos se relacionam a

- Beleza: **beau/bell(e)** *(bô/béle)* (bonito/bonita), **joli** *(jolí)* (belo) etc.
- Idade: **jên(e)** *(jâne)* (jovem), **vieux/vieille** *(viê/viéie)* (velho/velha) etc.
- Bondade ou falta de bondade: **bon/bonne** *(boN/bóne)* (bom/boa), **mauvais** *(mové)* (ruim) etc.

- Tamanho: **grand** *(graN)* (grande), **petit** *(petí)* (pequeno) etc.
- **Est-ce que c'est la bonne route pour Versailles?** *(ésce qu(e) cé la bóne rút pur versáie)* (É o caminho certo para Versailles?)
- **Où va cette rue?** *(u va cét ry)* (Para onde vai esta rua?)
- **Comment s'appelle cette ville?** *(comaN sapéle cét vile)* (Qual o nome desta cidade?)

E aqui estão algumas respostas que você pode esperar:

- **Allez au rond-point.** *(alê o ron poãN)* (Vá até a rotatória.)
- **Passez le feu de circulation.** *(passê le fê)* (Passe os semáforos.)
- **Après le bois, prenez à gauche.** *(apré l(e) boá prenê a goche)* (Depois do bosque, vire à esquerda.)

É Necessário Conhecer o "Il faut"

Sempre parece rude dizer "você tem que, ele tem que, eles têm que", não é? Portanto, em francês, você tem uma saída para esta indelicadeza: Você pode usar apenas uma forma para todos – **il faut** *(il fô)* (tem que). Essa forma nunca muda; simplesmente, coloque o infinitivo de qualquer verbo depois, como nos seguintes exemplos:

- **Il faut retourner à l'hôtel.** *(il fô returnê a lotél)* (Eu, você, nós [dependendo do contexto] temos que voltar para o hotel.)
- **Alors, il faut aller au centre-ville.** *(alor il fô alê o çaNtre vile)* (Eu, você, nós [dependendo do contexto] temos que ir para o centro da cidade.)
- **Il faut prendre un taxi.** *(il fô praNdre ã taxí)* (Eu, você, nós [dependendo do contexto] temos que pegar um táxi.)

Diversão & Jogos

No saguão de um hotel, uma hóspede pergunta a você: "Excusez-moi. Où est la gare? C'est loin?". Diga-lhe que ela fica a apenas dez minutos e dê as orientações:

Siga em frente nesta rua.

No quarto semáforo, vire à esquerda.

Vá até a rotatória.

Pegue a primeira rua à direita.

A apenas 100 metros de distância,

você verá a estação do metrô na esquina.

Continue a oeste. E aí está!

A estação do trem fica na segunda interseção.

Sua amiga hóspede balança a cabeça, dizendo **"Merci"** e, então, pega um ônibus fora do hotel.

Respostas:
Suivez cette rue tout droit.
Aux les quatrième feux, tournez à gauche.
Allez au rond-point.
Prenez la première rue à droite.
À cent mètres, vous allez voir la station de métro au coin.
Vous continuez a l'ouest. La voilà!
La gare se trouve au deuxième croisement.

Capítulo 13

Ficando em um Hotel

Neste Capítulo

- Chegando a um hotel
- Entrando em um hotel
- Saindo de um hotel

Este capítulo pode ajudá-lo a entender os termos franceses usados para os vários tipos de acomodações, e o conduzirá também no básico sobre como ficar em um hotel, dar entrada e saída.

Os **hôtels** *(hotéle)* ou **hôtels de tourisme** *(hotéle d(e) turrísme)* variam desde as acomodações básicas com uma estrela até os estabelecimentos luxuosos com quatro estrelas.

Tendo uma Conversa

Peter e Janet acabaram de chegar a Lausanne na Suíça. Janet pergunta sobre um quarto enquanto Peter espera no carro.

Janet: **Bonjour. Je voudrais une chambre pour deux personnes.**

boNjur j(e) vudré yne chaNbre pur dê persóne

Olá. Eu gostaria de um quarto para duas pessoas.

Recepcionista: **Je regrette. L'hôtel est complet.**

j(e) regrét lotéle é coNplé

Sinto muito. O hotel está cheio.

Janet: **Oh. Est-ce qu'il y a un autre hôtel près d'ici?**

o ésce quili a ã ôtre hotéle pré dicí

Ah, existe outro hotel perto daqui?

Recepcionista: **Oui, madame. L'hôtel Royal est au bout de la rue.**

uí madám(e) lotéle roiale é o bu d(e) la ry

Sim, senhora. O Hotel Royal é no final da rua.

Peter e Janet agora estão aproximando-se do Hotel Royal, no qual ouviram falar que há vagas. Parece tão promissor para Peter e Janet que ambos vão ao mesmo tempo solicitar um quarto.

Peter: **Bonsoir. Est-ce que vous avez une chambre libre?**

boNsoar ésce qu(e) vuzavê yne chaNbre líbre

Boa noite. Você tem vagas?

Atendente: **Oui. Pour combien de nuits?**

uí pur coNbiãN d(e) nyí

Sim. Para quantas noites?

Janet: **Pour deux ou trois. C'est combien par nuit?**

pur dê u troá cé coNbiãN par nyí

Por duas ou três. Quanto é por noite?

Atendente: **Ça dépend... une chambre double avec douche – 95,00 euros... avec baignoire 105,00 euros.**

ça depaN yne chaNbre dúble avec dúche çaN çãNcaNt fraN avec benhoár dê çaN fraN

Depende... um quarto duplo com chuveiro – 95,00 euros... com banheira, 105,00 euros.

Peter: **Est-ce qu'on peut voir la chambre?**

ésce quoN pê voár la chaNbre

Podemos ver o quarto?

Atendente: **Mais oui. Suivez-moi.**

mé uí syivê moá

Certamente. Sigam-me.

GRAMATICALMENTE FALANDO

Pas de problème! *(pa d(e) probléme)* (Tudo bem!) é sempre usado, tanto em francês como em português. É uma forma curta do subentendido: **Je n'ai pas de problème avec ça** *(j(e) ne d(e) probléme avec ça)* (Não tenho problemas com relação a isso.)

SABEDORIA CULTURAL

Como o térreo nos prédios franceses é chamado **rez-de-chaussée** *(rê dê chossê)* (nível da rua), os prédios só começam a numeração a partir do primeiro piso para cima. Verifique no elevador do hotel, ou em qualquer outro prédio com vários andares, e você geralmente verá o seguinte:

3

2

1

rez-de-chaussée

Tendo uma Conversa

Faixa 27

Sr. e Sra. Dalton estão cansados de dirigir e decidem encerrar o dia em Annecy, uma bela cidadezinha francesa perto da fronteira com a Suíça. Eles param em uma bela estalagem rústica.

Sr. Dalton: **Bonjour! Nous voulons une chambre avec des lits jumeaux.**

boNjur nu vuloN yne chaNbre avec de li jymô

Olá! Queremos um quarto com duas camas de solteiro.

Recepcionista: **Côté cour ou côté rue?**

cotê cur u cotê ry

Para o pátio ou para a rua?

Sra. Dalton:	**Côté cour. Et avec salle de bains, s'il vous plaît. Quel est le prix?** cotê cur ê avec sál(e) d(e) bãN sil vu plé quélé l(e) prí Para o pátio. E com banheiro, por favor. Qual é o preço?
Recepcionista:	**Je vérifie... au rez-de-chaussée ça coûte 410,00 euros.** j(e) verrifí o rê d(e) chossê ça cút catre çaN diz fraN Estou verificando... no térreo, custará 410 francos.
Sra. Dalton:	**Et au premier étage?** ê o premiê etág(e) E no primeiro andar?
Recepcionista:	**Je regrette. Le premier étage est complet.** j(e) regrét lê premiê etág(e) é complé Sinto muito. O primeiro está cheio.
Sr. Dalton:	**Pas de problème. Le rez-de-chaussée nous convient.** pa d(e) probléme l(e) rê d(e) chossê nu coNviãN Tudo bem. O térreo está bom para nós.

Entrando em um Hotel

Ao chegar a um hotel, é provável que você tenha que preencher o formulário de registro, que perguntará os seguintes itens:

- **nom/prénom** *(noN/prenoN)* (sobrenome/nome)
- **lieu de résidence** *(liê d(e) residaNce)* (endereço)
- **rue/numéro** *(ry/nymerrô)* (rua/número)
- **ville/code postal** *(vile/cód postále)* (cidade/CEP)
- **état/pays** *(etá/peí)* (estado/país)

- **numéro de téléphone** *(nymerrô d(e) telefóne)* (número de telefone)
- **nationalité** *(nacionalitê)* (nacionalidade)
- **date/lieu de naissance** *(dat/liê d(e) nessaNce)* (data/lugar de nascimento)
- **numéro de passeport** *(nymerrô d(e) passepór)* (número do passaporte)
- **signature** *(sinhatyr)* (assinatura)
- **numéro d'immatriculation de la voiture** *(nymerrô dimatrikylacion d(e) la voatyr)* (Número de licença da placa do carro)
- **pays** *(peí)* (país)

Saindo de um Hotel

Por qualquer razão, dificilmente a hora do *check out* é conveniente, mas você provavelmente entende que os quartos têm que ser limpos antes de o próximo hóspede chegar. Para isso, você talvez tenha que remover seus pertences do quarto antes de estar pronto para partir. Geralmente, o hotel permite que você deixe sua bagagem no saguão, ou em algum outro lugar, até sair.

Tendo uma Conversa

Faixa 28

O avião de Judy Cole parte à noite. Portanto, ela deseja passar seu último dia na cidade e pegar a bagagem depois.

Judy: **À quelle heure faut-il libérer la chambre?**

a quéler fotil liberrê la chaNbre

A que horas temos que liberar o quarto?

Recepcionista: **Avant midi, madame.**

AvaN midi madám(e)

Antes do meio-dia, senhora.

Judy: **Je peux laisser mes bagages ici jusqu'à seize heures?**

j(e) pê lessê me bagág(e) icí jyská sézér

Posso deixar minhas bagagens aqui até as 16:00?

Recepcionista: **Oui, vous pouvez les laisser ici. Voulez-vous la note maintenant?**

uí vu puvê le lessê icí vulê vu la nót mãNtenaN

Certamente, você pode deixá-las aqui. Gostaria da conta agora?

Judy: **Oui, s'il vous plaît. Voyons, les coups de téléphone... le minibar... Très bien. Vous acceptez les cartes de crédit, n'est-ce pas?**

uí sil vu plé voaioN le cu d(e) telefóne l(e) mini bár tré biãN vuzacséptê le cárte dê credí nésce pa

Sim, por favor. Vejamos, os telefonemas... o mini bar... Muito bem. Vocês aceitam cartões de crédito, não é?

Recepcionista: **Oui, Visa ou Mastercard... merci... et voici votre reçu.**

uí visá u mastercár merci ê voací vótre recy

Sim, Visa ou Mastercard... obrigado e aqui está seu recibo.

Judy: **Merci. Pouvez-vous m'appeler un taxi, s'il vous plaît?**

merci puvê vu map(e) ler ã taxí sil vu plé

Obrigado. Você pode chamar um táxi para mim, por favor?

Recepcionista: **Bien sûr.**

biãN syr

Naturalmente.

SABEDORIA CULTURAL

Informe-se sobre as correntes elétricas

A corrente AC de 220 volts e 50 ciclos é agora quase universal na França, Bélgica e Suíça, embora os 110 volts possam ainda ser encontrados, especialmente nos prédios mais antigos. Se você trouxer seus próprios aparelhos elétricos, compre uma tomada com adaptador europeu (pinos redondos, não quadrados) antes de sair de casa. Você também pode precisar de um transformador adequado para a voltagem do aparelho.

Diversão & Jogos

Parece que há um erro em sua conta do hotel. Por isso, você vai rever os detalhes com o recepcionista. Você tinha um quarto com duas camas e uma banheira no segundo andar, de frente para rua, por duas noites. Corrija-o quando necessário circulando a resposta correta e esclarecendo qualquer resposta quando necessário:

Recepcionista: Une chambre double?

A Você: Oui/Non. ______________________

Recepcionista: Avec douche?

B Você: Oui/Non. ______________________

Recepcionista: Au rez-de-chaussée?

C Você: Oui/Non. ______________________

Recepcionista: Côté rue?

D Você: Oui/Non. ______________________

Recepcionista: Pour trois nuits?

E Você: Oui/Non. ______________________

Respostas:

A. Oui, une chambre avec des lits jumeaux; B. Non. Avec salle de bain/avec baignoire; C. Non, au deuxième; D. Oui; E. Non. Pour deux nuits.

Capítulo 14

Transporte

Neste Capítulo

- Passando pelo aeroporto
- Pegando um táxi
- Usando o transporte público
- Alugando um carro e abastecendo

Quando você chega a qualquer país que fala francês, instantaneamente é envolvido por uma torrente de idioma francês: você tem este livro em mãos (talvez, você até tenha examinado parte dele quando estava planejando sua viagem ou estava ouvindo as faixas de áudio no avião) e, mesmo que este seja o momento em que você está abrindo o livro pela primeira vez, este capítulo poderá ajudá-lo a passar pela alfândega e pelas emocionantes experiências de viagem que os esperam à frente.

Passando Pelo Aeroporto

DICA

É melhor não brincar com um oficial da imigração ou da alfândega. Ele também tem que controlar seu senso de humor. Ele está lá para resolver coisas sérias.

Tendo uma Conversa

O oficial da imigração é a primeira pessoa que Nicola Pranter encontra no aeroporto francês. Ela lhe entrega seu passaporte e sua papeleta da alfândega, e ele inicia suas perguntas:

Oficial da alfândega:	**Nicola Pranter... Bonjour. Bienvenue en France. Allez-vous rester en France pen dant votre séjour?** nicola praNtér boNjur biãNveny aN fráNc(e) alê vu restê aN fraNce paNdaN votre sejúr Nicola Pranter... Bom dia. Bem-vinda à França. Você ficará na França durante sua estada?
Nicola:	**Non, j(e) vais aussi à Bruxelles et en Suisse.** noN j(e) vé ossí a bryxéle ê aN syísse Não, também vou a Bruxelas e à Suíça.
Oficial da alfândega:	**Et la raison de votre voyage?** ê la resoN d(e) votre voaiág(e) E o motivo de sua viagem?
Nicola:	**C'est pour les affaires et le plaisir.** cé pur lezafér ê l(e) plesír É para negócios e lazer.
Oficial da alfândega:	**Combien de temps restez-vous en tout?** coNbiãN d(e) taN restê vu aN tu Quanto tempo você ficará ao todo?
Nicola:	**Deux semaines.** dê seméne Duas semanas.
Oficial da alfândega:	**Je vous souhaite un bon séjour!** j(e) vu suét ã boN sejúr Desejo a você uma boa estada.
Nicola:	**Merci, monsieur. Au revoir.** merci messiê o revoár Obrigada, senhor. Adeus.

Ao falar sobre ficar em uma cidade, use **à** *(a)* para expressar "em" em português. Para países, geralmente usa-se **en** *(aN*, porque a maioria dos países é feminino (como, por exemplo **la France** *(la fráNc(e))*, **la Suisse** *(la suyss(e))*, **l'Italie** *(litalí)* etc.). Para os poucos que não são (tais como, **le Canada** *(l(e) canadá)*, **le Portugal** *(l(e) portygále)*, **les États-Unis** *(lezetázyní)* etc.), você usa **au(x)** *(o)* para indicar "em". Por exemplo, você pode dizer:

- **Je vais en France, en Suisse, en Italie.** *(j(e) vé aN fráNc(e) aN syísse aNitalí)* (Irei à França, à Suíça, à Itália).
- **Je vais au Canada, au Portugal, aux États-Unis.** *(j(e) vé o canadá o portygále ozetázyní)* (Irei ao Canadá, a Portugal, aos Estados Unidos).

Tendo uma Conversa

Muito provavelmente, você nem mesmo será parado pelo oficial da alfândega, mas caso ele o escolha para a amostragem, eis o que você pode esperar:

Oficial da alfândega: **Avez-vous quelque chose à déclarer?**
avê vu quelque chôse a declarrê.
Você tem algo a declarar?

Turista: **Non, rien.**
noN riãN
Não, nada.

Oficial da alfândega: **Avez-vous des appareils électroniques?**
avê vu dezaparéi electroníque
Você tem itens eletrônicos?

Turista: **Seulement pour mon usage personnel.**
sélemaN pur moN yság(e) personéle
Apenas para meu uso pessoal.

Oficial da alfândega:	**Pouvez-vous ouvrir votre sac?**
	puvê vu uvrir vótre sác
	Você pode abrir sua bolsa?
Turista:	**Oui, monsieur... voilà.**
	uí messiê voalá
	Sim, senhor... aqui está.
Oficial da alfândega:	**Qu'est-ce que c'est ça?**
	quésce qu(e) cé ça
	O que é isto?
Turista:	**C'est mon ordinateur portable.**
	cé moNordinatér portáble
	É meu laptop.
Oficial da alfândega:	**Branchez-le là-bas, s'il vous plaît.**
	braNchê l(e) la ba sil vu plé
	Conecte-o lá, por favor.

Pegando um Táxi

Convenientes e rápidos, os táxis têm um preço razoável em Paris. Em Bruxelas, eles dobram as taxas assim que você sai dos limites da cidade e cobram extras à noite. As gorjetas são opcionais na Bélgica, mas você pode esperar pagar de 10 a 15% na França e na Suíça.

Tendo uma Conversa

Felizmente para Karen e Derek, o aeroporto de Bruxelas fica apenas a algumas milhas da cidade e eles têm bastante sorte de conseguir a atenção de um motorista de táxi imediatamente.

Karen:	**Bruxelles, hôtel Gillon, s'il vou plaît.** brycsé le hotéle giloN sil vu plé Bruxelas, hotel Gillon, por favor.
Motorista de táxi:	**Avec plaisir. C'est dans quelle rue?** avec plesír cé daN quéle ry Com prazer. Fica em qual rua?
Derek:	**Voyons... c'est 22 rue Albert. C'est combien?** voaioN cé vãN dê ry albér cé coNbiãN Vejamos... é rua Albert, 22. Quanto é?
Motorista de táxi:	**600 francos. C'est le tarif normal. Je mets les valises dans le coffre?** siz fraN cé l(e) tarríf normále j(e) mé valíse daN l(e) cófre 600 euros. É o preço normal. Coloco as malas no porta-malas?
Karen:	**Très bien, mais je garde mon sac à dos avec moi.** tré biãN mé j(e) gárd moN sac a dô avec moá Muito bem, mas fico com minha mochila.

Passeando pelas Grandes Cidades

O sistema de transporte público na maioria das grandes cidades da Europa e do Canadá é excelente. Este capítulo fornece informações gerais. As respectivas páginas Web na Internet podem ajudá-lo a descobrir mais detalhes sobre como viajar e sobre o transporte público nestes lugares:

- **Canadá:** *www.canadatourism.com* e *www.tourismMontreal.org* em *"transportation"* (transporte)
- **Suíça:** *www.switzerlandvacation.ch*, *www.geneva.ch e www.tpg.ch*

- **Bélgica:** *www.b-rail.be, www.planitram.ibelgique.com* e *www.brussel.irisnet.be*
- **França:** *www.sncf.fr* (trens) e *www.ratp.fr* (ônibus, metrô, RER)

A seguinte lista pode dar-lhe uma ideia da quantidade de escolhas disponíveis para circular em várias cidades:

- **Montreal:** ônibus, metrô (quatro linhas), STCUM (sistema de trens urbanos), Amtrak, VIA Rail (sistema de trens nacional)
- **Bruxelas:** metrô, ônibus, linha de bonde, SNCB (sistema de trens nacional)
- **Genebra:** linha de bonde, ônibus, ônibus elétrico, trens
- **Nice:** ônibus, SNCF (sistema de trens nacional), linha de bonde (sendo construída, primeira fase completada em 2001)
- **Paris:** metrô e RER (trens expressos na grande Paris), ônibus, SNCF (sistema de trens nacional), barcos de turismo

Comprando uma Passagem de Trem

As estações de trem estão sempre cheias, barulhentas e confusas. Eis algumas frases úteis a saber:

- **Pardon, où sont** (pardoN u soN) (Perdão, onde estão...)
  - les guichets (le guichê) (os guichês?)
  - les quais (le qué) (as plataformas?)
  - les renseignements (le raNsenhemaN) (os balcões de informação?)

- **Excusez-moi, où est** (ecskysê moá u é) (Desculpe-me, onde é...)
  - la consigne (la consínhe) (sala de bagagem?)
  - la salle d'attente (la sale datáNt) (sala de espera?)
  - le bureau des objets trouvés? (l(e) byrrô dezobjé truvê) (o guichê de achados e perdidos?)

Tendo uma Conversa

Susan deseja encontrar sua velha amiga Julie em Versailles. Por isso, ela tira um dia de folga em seu grupo e está tentando a sorte sozinha.

Susan: **Je voudrais un billet pour Versailles, s'il vous plaît.**
j(e) vudré ã biê pur versáie sil vu plé
Eu gostaria de uma passagem para Versailles, por favor.

Funcionário: **Aller-simple ou aller-retour?**
alê sãNple u alê retúr
Ida ou ida e volta?

Susan: **Aller-retour, s'il vous plaît. Deuxième classe.**
alê retúr sil vu plé dêziéme clásse
Ida e volta, por favor. Segunda classe.

Funcionário: **Ça fait soixante euros.**
ça fé soassaNt euro
São 60 euros.

Susan: **Est-ce que je dois changer de train?**
ésce qu(e) doá chaNgê d(e) trãN
Tenho que mudar de trem?

Funcionário: **Oui, vous avez une correspondance à Issy.**
uí vuzavê yne correspoNdaNce a íssi
Sim, você tem uma conexão em Issy.

Susan: **Et de quel quai part le train?**
ê d(e) quéle qué pár l(e) trãN
E de qual plataforma sai o trem?

Funcionário: **Quais 12A.**
qué dúz(e) A
Plataforma 12A.

Susan: **Merci. Au revoir.**
mercí o revoár
Obrigada. Adeus.

Este pequeno **y** *(i)* discreto significando "lá" é usado como um pronome objeto (consulte o Capítulo 4 para saber mais sobre os pronomes objetos). Normalmente, você o coloca na frente do verbo **j'y vais** *(ji vé)* (Irei/vou lá). Se houver dois verbos em uma frase, o **y** fica na frente do infinitivo **je peux y aller** *(j(e) pê i alê)* (eu posso ir lá).

Contudo, há uma exceção ao colocar "y" ou um pronome objeto na frente do verbo: Apenas no caso dos comandos positivos (talvez para torná-los um pouco mais fortes), os pequenos pronomes são anexados ao final do verbo. Por exemplo:

- **Vas-y!** *(vas í)* (Vá lá!)
- **Prends-le/la!** *(praN l(e)/la)* (Pegue-o/a!)
- **Regarde-les!** *(regárd le)* (Veja-os/as!)

Note como tais construções funcionam no negativo:

- **N'y va pas!** *(ni va pa)* (Não vá lá!)
- **Ne le prends pas!** *(n(e) l(e) praN pa)* (Não o pegue!)
- **Ne la regarde pas!** *(n(e) la regárd pa)* (Não a veja!)

Ao fazer perguntas que envolvem as palavras *qual* ou *o que*, você usa a palavra **quel(s)** ou **quelle(s)** *(quéle)*, dependendo do respectivo substantivo ser masculino ou feminino. Eis alguns exemplos:

- **Il arrive par quel train?** *(ilarrív par quéle trãN)* (Em qual trem ele está chegando?)
- **De quelle ville es-tu?** *(d(e) quéle vile é ty)* (De qual cidade você é?)
- **Quelles places avez-vous?** *(quéle plác(e) avê vu)* (Quais lugares você tem?)

Pegando o Ônibus

Se você tiver tempo, o ônibus será a melhor forma de se locomover e conhecer os **quartiers** *(cartiê)* (bairros) da cidade. Normalmente, as passagens podem ser compradas com o motorista, e preferencialmente com notas pequenas. Em muitas cidades, o sistema de metrô é conectado ao sistema de ônibus e, portanto, você pode usar as mesmas passagens. Em geral, é mais barato comprar as passagens em um talão de dez **(carnet)** *(carnê)*.

A propósito, você sempre deve validar sua passagem **(composter le billet)** *(coNposê l(e) biê)* em uma máquina que é instalada para essa finalidade no ônibus. Não é nada barato quando um **contrôleur** *(coNtrolér)* resolve entrar e verificar todos. E isso acontece!

Tendo uma Conversa

Faixa 30

O Sr. e a Sra. Meyer estão em um ponto de ônibus. Eles estão lendo o horário dos ônibus, mas realmente não estão certos se leram corretamente. O ônibus número 82 está chegando. O Sr. Meyer vira para uma jovem perto dele e pergunta:

Sr. Meyer: **Excusez-moi, mademoiselle. C'est bien le bus pour l'hôtel de ville?**

ecskysê moá mademoaséle cé biãN l(e) bys pur lotéle d(e) vile

Desculpe-me, senhorita. É o ônibus certo para a prefeitura?

Jovem: **Non, il faut prendre le bus numéro 67.**

noN il fô praNdre l(e) bys nymerrô soassant sét

Não, você tem que pegar o ônibus de número 67.

Sr. Meyer: **À quelle heure est-ce qu'il arrive?**

a quélér ésce quilarrív

A que horas ele chega?

Jovem: **Il passe tous les quarts d'heure, mais il est sou vent en retard.**

il pásse tu le car dér mé il é suvaN aN retár

Ele passa a cada 15 minutos, mas está geralmente atrasado.

Sr. Meyer: **Et c'est à combien d'arrêts d'ici?**

ê cé a coNbiãN darrét dicí

E fica a quantas paradas daqui?

Jovem: **Ce n'est pas très loin, c'est le prochain arrêt. Ah, le voilà! Il est à l'heure!**

c(e) né pa tré loãN cé l(e) prochãN arrét a l(e) voalá il é a lér

Não é muito longe. É a próxima parada. Ah, lá está ele! Está na hora certa!

Sr. Meyer: **Merci beaucoup. Au revoir.**

mercí bocú o revoár

Muito obrigado. Adeus.

Pegando o Metrô

O metrô de Paris fecha de 1:00 às 5:30. Portanto, se você tiver saído pela cidade e pretende ficar até mais tarde do que a Cinderela, terá que encontrar outro modo de voltar para casa.

Tendo uma Conversa

O Sr. Meyer e a Sra. Meyer se separaram de manhã para ver museus diferentes. Agora, é hora de se encontrarem para o almoço. O Sr. Meyer deseja experimentar o metrô, mas acha que precisa de um mapa e, por isso, para em um quiosque.

Sr. Meyer:	**Bonjour. Est-ce que vous avez un plan de métro?** boNjur ésce que vuzavê ã plaN d(e) metrô Olá. Você tem um mapa do metrô?
Funcionária:	**Le voici. ...Est-ce que je peux vous aider?** l(e) voací ésce qu(e) j(e) pê vuzedê Aqui está. ...Posso ajudá-lo?
Sr. Meyer:	**Oui, pour la Grande Place, c'est quelle ligne?** uí pur la graNd pláce(e) cé quéle linhe Sim, para a Grande Place, qual é a linha?
Funcionária:	**C'est direct avec la ligne 3.** cé dirréct avéc la línhe troá Você pode ir diretamente com a linha 3.
Sr. Meyer:	**Combien de temps est-ce qu'il faut?** coNbiãN d(e) taN ésce quil fô Quanto tempo leva?
Funcionária:	**Disons... 20 minutes.** disoN vãN minýt Digamos... 20 minutos.

Sr. Meyer:	**Merci beaucoup, madame.**
	mercí bocú madám(e)
	Muito obrigado, senhora.
Funcionária:	**Je vous en prie.**
	j(e) vuzaN prí
	De nada.

pas de quoi *(pa d(e) quoá)* também é informal. Você pode ser mais formal quando não o abrevia e diz a frase toda: **Il n'y a pas de quois** *(il ni a pa d(e) quoá).*

GRAMATICALMENTE FALANDO

Voici *(voací)* significa "aqui está" e **voilà** *(voalá)* significa "lá está". Você também pode colocar todos os outros pronomes objetos diretos na frente de **voici** e **voilà**.

Alugando um Carro

Eis algumas dicas para alugar um carro:

- Geralmente, é mais barato reservar seu carro quando você marca seu voo do que alugá-lo quando chega ao lugar.
- Na maioria dos países, tudo o que você precisa é de sua carteira de motorista válida. Em outros, eles podem solicitar a Licença de Motorista Internacional. Tenha o hábito de sempre ter ambas só para garantir.

Tendo uma Conversa

George e Gina chegaram a Lyon. Agora, eles estão pegando o carro que pediram porque desejam fazer viagens nos **Rhôno Alpes** vizinhos, visitar castelos e catedrais. Gina lidera a conversa.

Gina: **Bonjour. Nous avons une réservation pour une voiture sous le non de "Sheldon".**

boNjur nuzavoN yne reservacioN pur yne voatyr su l(e) noN d(e) "sheldoN"

Olá. Temos uma reserva para um carro com o nome de "Sheldon".

Funcionário: **Bienvenue, messieurs-dames. Un instant, je vérifie. ... Voilà, une Renault Espace. C'est pour dix jours?**

biãNveny messiê dáme ã ãNstaN j(e) verrifí voalá yne renô espáce cé pur diz jur

Bem-vindos, senhor e senhora. Um momento, estou verificando. ... Aqui está, um Renault Espace. É por dez dias?

Gina: **Oui, c'est ça. Nous n'avons pas besoin d'assurance tous risques. C'est couvert avec la carte de crédit.**

uí cé ça nu navoN pa besoãN dassyrraNce tu rísque cé cuvér avec la cart d(e) credí

Sim, é isso. Não precisamos do seguro completo. Está coberto com o cartão de crédito.

Funcionário: **Très bien. Dans quels pays allez-vous conduire?**

tré biãN daN quéle peí alê vu coNdyir

Muito bem. Em quais países vocês vão dirigir?

Gina: **En France et en Suisse. On met quoi comme carburant?**

aN fraNce ê aN suísse oN mé quoá come carbyrraN

Na França e na Suíça. O que usamos como combustível?

Funcionário: **Du sans-plomb. Voulez-vous rendre la voiture remplie ou vide?**

dy saN ploNb vulê vu raNdre la voatyr raNplí u víd

Sem chumbo. Vocês desejam devolver o carro cheio ou vazio?

Gina: **Vide. Et nous rendons la voiture où?**

víd ê nu raNdoN la voatyr u

Vazio. E onde devolvemos o carro?

Funcionário: **Ici, chez nous, avant dix heures, le vingt-neuf. Voilà vos papiers et les clés. Vous sortez, tournez à gauche, et c'est le numéro 11 dans le parking. Bon voyage!**

icí che nu avaN dizér lê(e) vãN néf voalá vo papiê ê le clê vu sortê turnê a goche ê cé l(e) nymerrô onz(e) daN l(e) parkín boN voaiág(e)

Aqui, conosco, antes das 10:00 no dia 29. Aqui estão seus papéis e as chaves. Vocês saem e viram à esquerda; é o número 11 no estacionamento. Tenham uma boa viagem!

Gina: **Merci. Au revoir.**

mercí o revoár

Obrigada. Adeus.

Ao falar sobre quantidades não especificadas, o francês usa um artigo que não temos em português. É chamado de **partitif** *(partitíf)* porque descreve uma "parte" de uma quantidade. Você o forma combinando a preposição **de** (de) + o artigo definido **le**, **la**, **les**:

- **de+le=du** *(dy)*
- **de+la=de la** *(d(e) la)*
- **de+les=des** *(de)*
- **de+l'=de l'** *(d(e) l)*

Você pode traduzir estas construções como "algum/alguma/um pouco de", como neste exemplo:

> **Je voudrais du carburant** *(j(e) vudré dy carbyrraN)* (Eu gostaria de um pouco de gasolina.)

Abastecendo

Na Europa, a maioria dos postos de gasolina é do tipo autoatendimento; mas, obviamente, há outros que não funcionam dessa forma. As seguintes pequenas frases podem ajudá-lo no caso do inesperado:

- **Où est-ce qu'il y a une station service?** *(u ésce quili a yne stacioN sérvic(e))* (Onde há um posto de gasolina?)
- **Est-ce qu'il y a une station-service près d'ici?** *(ésce quili a yne stacioN servic(e) pré dicí)* (Há um posto de gasolina perto daqui?)
- **Le plein, s'il vous plaît.** *(l(e) plãN sil vu plé)* (Completa, por favor.)
- **du super/de l'ordinaire/du sans plomb/du diesel** *(dy sypér d(e) lordinér dy saN ploN dy disél(e)* (super/normal/sem chumbo/diesel)
- **Où est le compresseur pour l'air?** *(u é l(e) coNpressér pur lér)* (Onde é o compressor de ar?)

Diversão & Jogos

O seguinte caça-palavra contém sete palavras francesas escondidas. E elas realmente estão escondidas: para cima ou para baixo, na diagonal, a partir da direita ou da esquerda, qualquer coisa é possível.

PS: Ignore qualquer acento.

A S B V C D X L

C V A L I S E G

Y O Z C E L T A

S Y F X A R L R

I A P F A D G E

E G N I R E O H

G E N K M E U S

E N A R Z W L P

Eis os equivalentes em português dessas palavras difíceis:

trem, mochila, mala, estação de trem, porta-malas, cidade, viagem

Resposta: train / sac a dos / valise / gare / coffre / ville / voyage

Capítulo 15

Viagem ao Exterior

Neste Capítulo

- Planejando sua viagem antecipadamente
- Lidando com passaportes e vistos
- Compreendendo datas e horas
- Fazendo as malas e escolhendo acomodações

Viajar é um modo de relaxar, escapar e buscar o novo. Planejar suas viagens antecipadamente é a primeira etapa para ajustar os ponteiros e ter momentos recompensadores e prazerosos. Talvez, você esteja procurando aventura ou apenas uma ida à praia? Ou, quem sabe, você está procurando por uma experiência cultural?

A França tem tudo isso.

- Os Alpes – **les Alpes** *(lezálp)* – no leste
- Os Pirineus – **les Pyrenées** *(le pirrenê)* – no sudoeste
- A ensolarada **Côte d'Azur** *(côte dazyr)* na costa mediterrânea – **La Méditerranée** *(la mediterranê)*
- A azul-esverdeada **Jura** *(jyrrá)* e as montanhas **Vosges** *(vóg(e))* no leste
- As acidentadas e áridas montanhas do **Massif Central** *(massíf çaNtrál(e))* na França central
- As praias arenosas do Atlântico no lado oeste
- As costas rochosas da Bretanha - **la Bretagne** *(la bretánhe)*

- A Normandia – **la Normandie** *(la normaNdí)* no noroeste.

Ainda é possível fazer um tour no país pela água, através de seus quatro maiores rios – **la Seine** *(la sén(e))*, **la Loire** *(la loár)*, **la Garonne** *(la garrón(e))*, **le Rhône** *(l(e) rón(e))* – e muitos outros que cruzam o país inteiro.

A França tem tudo isso.

Além de toda essa variedade, se quiser viajar para um lugar mais exótico, você poderá escolher um dos estados franceses além-mar, os **Départements d'outremer (DOM)** *(departemaN dutremér)*, como, por exemplo, **la Réunion** *(la reynion)* no Oceano Índico, ou um território além-mar, **Territoire d'outremer (TOM)** *(territoár dutremér)*, como o **Tahiti** *(taití)*, na Polinésia francesa.

Outra opção para quem não quer cruzar o Atlântico é conhecer **Québec** *(quebec)* e **Montreal** *(moNreál(e))*.

Depois de decidir aonde ir, você deverá fazer os devidos planos de viagem. As próximas seções deste capítulo poderão ajudá-lo nessa tarefa.

Aonde você Deseja Ir?

O que você gosta de fazer? Responda a essa pergunta e você terá dado um longo passo na decisão sobre para onde viajar. Mas, perguntar a si mesmo o que gosta de fazer simplesmente o leva a mais perguntas que devem ser respondidas:

- **Qu'est-ce que vous préférez en hiver? La plage ou le ski?** *(quésce qu(e) vu preferrê ahivér la plág(e) u l(e) squí)* (O que você prefere no inverno? Praia ou esqui?)
- **Et en été? La mer ou la montagne?** *(ê aNetê la mér u la moNtánhe)* (E no verão? O mar ou as montanhas?)

- **Au printemps? La campagne ou les grandes villes?** *(o prãNtaN la caNpánhe u le graNd vile)* (Na primavera? O campo ou as cidades?)
- **En automne? Les musées ou les monuments?** *(aNotón(e) myse u le monyman)* (No outono? Museus ou monumentos?)

DICA

Com as estações, para expressar "no/na", use **au** antes de um som consonantal e use **en** antes de um som de vogal. Portanto, você diz **au printemps** *(o prãNtaN)* (na primavera), **en été** *(aNetê)* (no verão), **en automne** *(aNotón(e))* (no outono) e **en hiver** *(aNivér)* (no inverno).

Passaportes e Vistos

É importante verificar antecipadamente a data de expiração de seu passaporte, pois a renovação pode levar semanas. Nem sonhe em tê-lo renovado da noite para o dia! Se for preciso um passaporte novo porque você ainda não tem um, inicie os procedimentos pelo menos seis semanas antes de sua partida. Não há exigências de visto para a Europa se você pretende ficar menos de três meses. Assim que estiver na Europa, você poderá ir de um país para o outro quando quiser. Na maioria dos casos, você nem mesmo é solicitado a mostrar seu passaporte.

Tendo uma Conversa

David deseja ter certeza de que não vai precisar de um visto; por isso, ele liga para o Consulado francês. Ele escolhe falar em francês com o funcionário só para entrar no clima.

David: **Bonjour. C'est le consulat français?**
boNjur cé l(e) consylá fraNcé
Alô. É o Consulado francês?

Funcionária:	**Oui, est-ce que je peux vous aider?** uí ésce qu(e) j(e) pê vuzedê Sim, posso ajudá-lo?
David:	**Est-ce qu'il faut un visa pour aller en France?** ésce quil fô ã visá pur alê aN fraNce É preciso um visto para ir à França?
Funcionária:	**Vous êtes brésilien?** vuzéte breziliãN Você é brasileiro?
David:	**Oui, madame. Et je veux rester trois semaines en France.** uí madám(e) ê j(e) vê restê troá seméne aN fraNce Sim, senhora. E quero ficar três semanas na França.
Funcionária:	**Il faut un passeport valide et c'est tout. Bon voyage!** il fô ã passepór valíd ê cé tu boN voaiág(e) Você precisa de um passaporte válido e é tudo. Tenha uma boa viagem!
David:	**Merci. Au revoir.** mercí o revoár Obrigado. Adeus.

Colocando as Datas em Ordem

Como estamos falando sobre os quandos e os ondes da viagem, convém saber os meses do ano em francês:

- **janvier** *(jaNviê)* janeiro
- **février** *(fevriê)* fevereiro

- **mars** *(mars)* março
- **avril** *(avril(e))* abril
- **mai** *(mé)* maio
- **juin** *(jyãN)* junho
- **juillet** *(jyiê)* julho
- **août** *(út)* agosto
- **septembre** *(septaNbre)* setembro
- **octobre** *(octóbre)* outubro
- **novembre** *(novaNbre)* novembro
- **décembre** *(deçaNbre)* dezembro

Datas específicas

Le + número cardinal + mês + ano

Eis um exemplo

C'est	***le***	***six***	***avril***	***2000***
cé	l(e)	siz	avril(e)	dê mile
São		seis	de abril	de 2000

Use esta fórmula para expressar todas as datas, exceto para o primeiro dia do mês:

> **C'est le premier mai.** *(cé l(e) premiê mé)*. É primeiro de maio.

Frases de tempo

Eis algumas frases de tempo que podem ser úteis ao fazer os planos de viagem, encontrar amigos, marcar compromissos e mais:

- **demain matin** *(demãN matãN)* (amanhã de manhã)
- **tôt le matin** *(tô l(e) matãN)* (de manhã cedo)

- **demain après-midi** *(demãN apré midí)* (amanhã de tarde)
- **après-demain** *(apré demãN)* (depois de amanhã)
- **samedi prochain** *(samedí prochãN)* (próximo sábado)
- **la semaine prochaine** *(la seméne prochéne)* (próxima semana)
- **il est (trop) tôt** *(ilé trô tô)* (é cedo (demais))
- **il est (trop) tard** *(ilé trô tar)* (é tarde (demais))
- **pour combien de personnes?** *(pur coNbiãN d(e) persóne)* (para quantas pessoas?)
- **à quelle heure?** *(a quéler)* (A que horas?)
- **un moment/un instant** *(ã momaN/ã ãNstaN)* (um momento)

Tendo uma Conversa

Faixa 31

Enquanto seus amigos estão fazendo seus arranjos de viagem em Nova York, Anne está na agência de viagem para comprar sua passagem de avião e de seu marido para Nice.

Anne: **Bonjour, monsieur.**
boNjur messiê
Bom dia, senhor.

Agente: **Bonjour, madame. Vous désirez?**
boNjur madám(e) vu desirrê
Bom dia, senhora. Posso ajudar?

Anne: **Nous voudrions prendre l'avion pour Nice en décembre.**
nu vudrioN praNdre lavioN pur nice aN deçaNbre
Gostaria de pegar um voo para Nice em dezembro.

Agente: **C'est pour combien de personnes?**

cé pur coNbiãN d(e) persóne

Para quantas pessoas?

Anne: **Pour deux personnes, monsieur.**

pur dê persóne messiê

Para duas pessoas, senhor.

Agente: **Et pour quelle date? Vous voulez rester pour com bien de jours?**

ê pur quéle dat vu vulê restê pur coNbiaN d(e) jur

E para qual data? Quantos dias vocês desejam ficar?

Anne: **Dix jours: du 22 décembre au 2 janvier.**

diz jur dy vãNdê deçaNbre ô dê jaNviê

Dez dias: de 22 de dezembro a 2 de janeiro.

Agente: **Vous avez de la chance. J'ai encore deux places. Votre nom?**

vuzavê d(e) la chaNc(e) je aNcór dê plac(e) vótre noN

Você está com sorte. Ainda temos dois lugares. Seus nomes?

Anne: **Anne et Michel Brasse: B-R-A-S-S-E.**

áne ê michéle brásse bê ér a ésse ésse ê

Anne e Michel Brasse: B-R-A-S-S-E.

Agente: **C'est le vol Air France 7702 qui part à 10 heures de Charles de Gaulle.**

cé l(e) vól(e) fraNce sét sét zerrô dê qui par a dizér d(e) charle d(e) gôle

É o voo nº 7702 da Air France que parte às 10 da manhã do Charles de Gaulle.

Ça vous convient?

ça vu coNviãN

Serve para você?

Anne: **Oui, c'est parfait. À quelle heure est-ce qu'il arrive?**
uí cé parfé a quélér ésce quilarrív
Sim, é perfeito. A que horas ele chega?

Agente: **Il arrive à Nice à 11h30.**
ilarrív a nice a onzér ê traNt
Ele chega a Nice às 11:30 da manhã.

Anne: **Bon. Pouvez-vous réserver deux sièges pour nous?**
boN puvê vu reservê dê siég(e) pur nu
Bom. Você pode reservar dois lugares para nós?

Agente: **Mais oui, bien sûr.**
mé uí biãN syr
Sim, claro.

Existem expressões idiomáticas em toda língua – expressões que não podem ser traduzidas literalmente. Vous avez de la chance (vus avê d(e) la chaNce) (você está com sorte) é uma delas.

No diálogo anterior, você encontrou esta frase: **Ça vous convient?** *(ça vu coNviãN)* (Serve para você?; É conveniente para você?). Você pode substituir o pronome objeto indireto (substitui um objeto por **à**) por outros, dependendo do que deseja expressar, como nos seguintes exemplos:

- **Ça me convient.** *(ça m(e) coNviãN)* (Isso me serve.)
- **Ça te convient.** *(ça t(e) coNviãN)* (Isso te serve.)
- **Ça lui convient.** *(ça lyí coNviãN)* (Isso lhe serve.)
- **Ça nous convient.** *(ça nu coNviãN)* (Isso nos serve.)
- **Ça leur convient.** *(ça lér coNviãN)* (Isso lhes serve.)

Escolhendo Acomodações

Em seu hotel, você poderá encontrar quadros com as expressões a seguir. Eles informam mais sobre as acomodações

- **hôtel 4 étoiles** *(hotél(e) catre etoál(e))* (hotel 4 estrelas)
- **hôtel 2 étoiles** *(hotél(e) dêzetoál(e))* (hotel 2 estrelas)
- **hôtel 1 étoile** *(hotél(e) ãN etoál(e))* (hotel 1 estrela)
- **air conditionné** *(ér coNdicionê)* (ar condicionado)
- **recommandé dans** *(recomaNdê duN)* (recomendado em)
- **piscine** *(piscín(e))* (piscina)
- **salle de gym** *(sale d(e) giN)* (sala de ginástica)
- **site historique** *(sít historríque)* (local histórico)

Ah, e você não pode viver sem seu laptop? Traga-o, então, mas saiba dessas três coisas:

- Na alfândega, você poderá ser solicitado a ligá-lo; portanto, tenha uma bateria carregada.
- Você não conseguirá usar e-mails, a menos que traga o número de acesso de seu provedor para a área na qual está de férias. Além disso, obviamente, você precisa de uma tomada de telefone que possa usar ou adquirir uma rede wireless.
- Você também precisa ter um adaptador para a tomada de telefone e um adaptador para a tomada elétrica para que possa recarregar sua bateria.

Tendo uma Conversa

Você está escrevendo, contente, em seu laptop no maravilhoso quarto de hotel quando a bateria acaba. Revirando sua bolsa, você não consegue encontrar um adaptador para conectar o computador. Agora, você está na recepção para obter ajuda.

Touriste: **Bonsoir, monsieur.**

boNsoár messiê

Boa noite, senhor.

L'employée: **Bonsoir, madame. Est-ce que je peux vous aider?**

boNsoár madám(e) ésce qu(e) j(e) pê vuzedê

Boa noite, senhora. Posso ajudar?

Touriste: **Je l'espère. Où est-ce que je peux acheter un adaptateur pour brancher mon ordinateur?**

j(e) lespér u ésce quê j(e) pê acht(e) tê ã adapta tér pur braNchê moNordinatér

Espero que sim. Onde posso comprar um adaptador para conectar meu computador?

L'employée: **Vous avez de la chance, la boutique de l'hôtel vend des adaptateurs.**

vuzavê d(e) la chaNce la butíque d(e) lotél(e) vaN dezadaptatér

Você está com sorte, a loja do hotel vende adaptadores.

Touriste: **Excellent. J'y vais tout de suite. Merci, monsieur.**

ecselaN ji vé tu d(e) syít mercí messiê

Ótimo. Vou lá imediatamente. Obrigado, senhor.

L'employée: **Je vous en prie.**

j(e) vuzaN prí

De nada.

O diálogo anterior contém esta frase: j'y vais (ji vé) (Vou lá). Esta pequena palavra inocente com uma letra y (i) (lá), é usada exatamente como um pronome objeto e sempre deve estar na frente do verbo.

Finalmente, mais uma dica quente para aqueles que se sentem muito mais seguros com um telefone celular por perto. Você pode solicitar que um seja enviado para você em sua chegada ao aeroporto. O aluguel de um celular é caro, mas fazer o que se você precisa dele, certo? Verifique este serviço na Internet em www.ellinas.com.

Diversão & Jogos

Forneça os equivalentes franceses para o máximo de itens possível na seguinte cena:

A. ____________________

B. ____________________

C. ____________________

D. ____________________

E. ____________________

F. ____________________

G. ____________________

Resposta: A - le tu-shirt B - les short C- le sweat D - un chapeau E - les sandales F -les lunettes de soleil G - les chaussures

Capítulo 16

Lidando com Emergências

Neste Capítulo

- Conseguindo ajuda médica
- Conversando com um médico
- Pedindo ajuda na polícia

Sinceramente, desejo que você não tivesse que ler este capítulo, mas sugiro que o leia. As emergências não são situações divertidas, principalmente em ambientes estranhos. Este capítulo é dividido em duas seções principais. Primeiro, a seção de saúde, que lida com problemas de saúde e, em seguida, a seção legal, que lida com as questões legais.

Conseguindo Ajuda Médica

Não importa aonde você vá como turista e estrangeiro - você vai notar que as pessoas, em caso de emergência, tendem a ser prestativas e atenciosas. Geralmente, elas fazem o melhor para conseguir ajuda para você, tentando entender sua língua, ou procurando alguém que saiba falar português.

A seguir, estão algumas frases francesas principais que você precisa saber numa situação de emergência:

- **Est-ce qu'il y a quelqu'un qui parle anglais/ portugais? (ésce quili a quélcã qui parl(e) aNglé/portygué)** (Há alguém que fale inglês/ português?)

- **Est-ce qu'il y a un docteur/une infirmière qui parle anglais/portugais? (ésce quili a ã doctér/ yne ãNfirmiér qui part(e) aNglé/portygué** (há um médico/enfermeira que fale inglês/português?)
- **À l'aide! Vite! (a léd vít)** (Socorro! Rápido!)
- **Au secours! (ô secúr)** (Socorro!)
- **Au feu! (ô fê)** (Fogo!)

Tendo uma Conversa

Faixa 32

Houve um acidente de carro. Uma turista tenta conseguir ajuda para um homem ferido.

Turista: **Pouvez-vous nous aider, s'il vous plaît?**
puvê vu nuzedê sil vu plé
Você pode nos ajudar, por favor?
Appelez un docteur!
ap(e)lê ã doctér
Chame um médico!
Cet homme est blessé.
cetóm(e) é blessê
Este homem está ferido.
Il saigne et il a perdu connaissance.
Il sénhe ê ila perdy conessaNce
Ele está sangrando e inconsciente.

Médico: **Je suis médecin. Qu'est-ce qui s'est passé?**
j(e) syí medeçãN quésce qui sé passê
Sou médico. O que aconteceu?

Turista: **Il y a eu une collision. Il s'est évanoui.**
ili a y yne colisioN il sé evanuí
Houve uma colisão. Ele desmaiou.

Médico: **Ah, il ouvre les yeux.**
ah iluvre leziê
Ah, ele está abrindo seus olhos.
Monsieur! Où avez vous mal?
messiê u avê vu mál(e)
Senhor! Onde dói?

Turista: **J'ai mal à la jambe.**
je mál(e) a la jaNb
Minha perna dói.

Médico: **Ne bougez pas. Je vais examiner votre jambe.**
n(e) bugê pa j(e) vé eczaminê vótre jaNbe
Não se mova. Vou examinar sua perna.
Est-ce que ça fait mal?
ésce qu(e) ça fé mál(e)
Isso dói?

Turista: **Oui, ça fait très mal.**
uí ça fé tré mál(e).
Sim, dói muito.

Médico: **Il s'est cassé la jambe. Et il a une coupure.**
il sé cassê la jaNb ê ili yne cupýr
Ele quebrou a perna. E tem um corte.
Je vais appeler une ambulance.
j(e) vé ap(e)lê yne aNbyláNc(e)
Vou chamar uma ambulância.

DICA

Informe aos residentes e aos médicos se houver fatores de complicação em seu histórico médico ou de seu acompanhante, tais como:

- **Je suis cardiaque.** *(j(e) syí cardiáque)* (Sou cardíaco.)

- **J'ai eu une crise cardiaque il y a (deux) ans.** *(je y yne críse cardiáque ili a dêzaN)* (Tive um ataque cardíaco há dois anos.)
- **J'ai de l'hypertension.** *(je d(e) lipertaNcioN)* (Tenho pressão alta.)
- **Je suis diabétique/allergique à...** *(j(e) syí diabetíque/alergíque a)* (Sou diabético/alérgico a...)

A França tem um sistema médico público, mas o plano de saúde privado também existe. Você sempre deve, antes de sair de viagem, ligar para a empresa do plano de saúde e perguntar o que deve fazer no caso de uma emergência ocorrer nos países nos quais está planejando visitar.

A Tabela 16-1 mostra os 16 particípios que formam o tempo passado

Tabela 16-1 Os particípios que formam seu tempo passado com être

Particípio	Pronúncia	Infinitivo	Tradução
Verbos para vir			
allé	alê	aller	IR
arrivé	arrivê	arriver	chegar
entré	aNtrê	entrer	entrar
venu	venў	venir	vir
Verbos para subir e descer			
descendu	desçaNdý	descendre	descer
monté	montê	monter	subir
resté	restê	rester	ficar
tombé	toNbê	tomber	cair

Tabela 16-1 (continuação)

Verbos para sair			
parti	partí	partir	partir
passé	passê	passer	passar por
sorti	sortí	sortir	sair
rentré	raNtrê	rentrer	voltar para casa
Verbos para entrar e sair da vida			
né	nê	naître	nascer
mort	mór	mourir	morrer
décédé	decedê	décéder	falecer
devenu	devený	devenir	tornar-se

Tendo uma Conversa

Faixa 33

Julie chega ao consultório da médica para um exame:

Médica: **Depuis quand vous sentez-vous comme ça?**
depyí caN vu saNtê vu cóm(e) ça
Há quanto tempo você vem sentido isso?

Julia: **Depuis hier, quand je suis tombée.**
depyí iér caN j(e) syí toNbê
Desde ontem, quando eu caí.

Médica: **Avez-vous perdu l'appétit?**
avê vu perdý lapetí
Você perdeu o apetite?

Julia: **Oui, et j'ai mal au coeur.**
uí ê je mál(e) ô quér
Sim, e eu sinto náuseas.

Médica: **Vous avez une légère commotion cérébrale.**

vuzavê yne legér comocioN cerebrál(e)

Você tem um leve traumatismo.

Reposez-vous bien pendant quelques jours.

reposê vu biãN paNdaN quelque jur

Repouse por alguns dias.

Est-ce que vous prenez des médicaments?

ésce qu(e) vu prenê de medicamaN

Você toma algum medicamento?

Julia: **Non. Mais je suis allergique à l'aspirine.**

noN mé j(e) syí alergíque a laspirín(e)

Não. Mas sou alérgica à aspirina.

Médica: **Bon. Voilà une ordonnance... en cas de douleurs.**

boN voalá yne ordonaNc(e) aN ca d(e) dulér

Bon. Aqui está uma receita... no caso de dor.

Prenez un comprimé toutes les quatre heures et revenez dans trois jours.

prenê ã coNprimê tút le cátre ér ê revenê daN troá jur

Tome um comprimido a cada quatro horas e volte em três dias.

Julia: **Merci, docteur. Au revoir.**

merci doctér ô revoár

Obrigada, doutora. Adeus.

Em francês, você não se desculpa quando espirra. Muito pelo contrário, seu espirro faz com que as outras pessoas lhe desejem saúde, e alguém pode dizer imediatamente:

À vos/tes souhaits! *(a vo/te sué)* (Saúde!)

Tendo uma Conversa

Peter Hayden teve uma terrível dor de dente no segundo dia de viagem e nem mesmo pôde desfrutar a maravilhosa comida francesa. Portanto, ele imediatamente foi ao dentista.

Sr. Hayden: **Cette dent me fait mal.**
cét daN mê fé mál(e)
Este dente dói.

Dentista: **Oui, sans doute. Le plombage est tombé.**
uí saN dút l(e) ploNbágle é toNbê
Sim, sem dúvida. A obturação caiu.

Sr. Hayden: **Pourriez-vous le remplacer tout de suite?**
purriê vu l(e) raNplacê tu d(e) syít
Você pode substituí-la imediatamente?

Dentista: **Je peux seulemant vous donner un traitement provisoire.**
j(e) pê sêlemaN vu donê ã tretemaN provisoár
Posso apenas fazer um tratamento provisório.

Sr. Hayden: **Bon. Mais faites-moi une anesthésie locale, s'il vous plaît.**
boN mé fét moá yne anestesí local(e) sil vu plé
Tudo bem. Mas, dê-me uma anestesia local, por favor.

Dentista: **Voilà... vous pouvez vous rinser, s'il vou plaît.**
voalá vu puvê vu rãNsê sil vu plé
Aqui vamos nós... você pode enxaguar, por favor.
Ne mangez pas pendant quatre heures.
n(e) maNgê pa paNdaN cátre ér
Não coma nada por quatro horas.

Sr. Hayden: **Merci bien et au revoir.**
merci biãN ê ô revoár
Muito obrigado e adeus.

Diversão & Jogos

Identifique as partes do corpo (em francês, é claro) no seguinte desenho:

Cabeça: ______________
Ombro: ______________
Cabelo: ______________
Braço: ______________
Orelhas: ______________
Peito: ______________

Respostas:
tête / épaule / cheveu / bras / oreilles / poitrine

Parte IV

Apêndices

A 5ª onda por Rich Tennant

Nesta parte...

É preciso começar por algum lugar, mas apostamos que você sabe muito mais francês do que pensa. Não acredita? Então, verifique o Capítulo 1. *C'est magnifique.* (E sabemos que você sabe o que significa.) Os Capítulos 2 e 3 cobrem algumas informações gramaticais básicas que, de alguma forma, você precisa absorver. Mas não se preocupe: tudo é pura diversão.

Apêndice A

Listas de Verbos

Verbos franceses

Verbos regulares terminando com *-er* (por exemplo, *parler* falar)

Particípio passado: *parlé* (falado)

	Presente	Passado	Futuro
je/j' (eu)	parle	ai parlé	parlerai
tu (você, inform.)	parles	as parlé	parleras
il/elle (ele/ela)	parle	a parlé	parlera
nous (nós)	parlons	avons parlé	parlerons
vous (vocês, formal)	parlez	avez parlé	parlerez
ils/elles (eles/elas)	parlent	ont parlé	parleront

Verbos regulares terminando com *-ir* (por exemplo, *finir* terminar)

Particípio passado: *fini* (terminado)

	Presente	Passado	Futuro
je/j' (eu)	finis	ai fini	finirai
tu (você, inform.)	finis	as fini	finiras
il/elle (ele/ela)	finit	a fini	finira
nous (nós)	finissons	avons fini	finirons
vous (vocês, formal)	finisssez	avez fini	finirez
ils/elles (eles/elas)	finissent	ont fini	finiront

Verbos regulares terminando com *-re* (por exemplo, *vendre* vender)

Particípio passado: *vendu* (vendido)

	Presente	Passado	Futuro
je/j' (eu)	vends	ai vendu	vendrais
tu (você, inform.)	vends	as vendu	vendras
il/elle (ele/ela)	vend	a vendu	vendra
nous (nós)	vendons	avons vendu	vendrons
vous (vocês, formal)	vendez	avez vendu	vendrez
ils/elles (eles/elas)	vendent	ont vendu	vendront

Verbo *avoir* (ter)

Particípio passado: *eu* (tido)

	Presente	Passado	Futuro
je/j' (eu)	ai	ai eu	aurai
tu (você, inform.)	as	as eu	auras
il/elle (ele/ela)	a	a eu	aura
nous (nós)	avons	avons eu	aurons
vous (vocês, formal)	avez	avez eu	aurez
ils/elles (eles/elas)	ont	ont eu	auront

Verbo *être* (ser/estar)

Particípio passado: *été* (sido/estado)

	Presente	Passado	Futuro
je/j' (eu)	suis	ai été/e	serai
tu (você, inform.)	es	as été/e	seras
il/elle (ele/ela)	est	a été/e	sera
nous (nós)	sommes	avons été	serons
vous (vocês, formal)	êtes	avez été	serez
ils/elles (eles/elas)	sont	ont été	seront

Verbos reflexivos (por exemplo, *se laver* lavar-se)

Particípio passado: *lavé* (lavado)

	Presente	**Passado**	**Futuro**
je (eu)	me lave	me suis lavé/e	vme laverai
tu (você, inform.)	te laves	t'es lavé/e	te laveras
il/elle (ele/ela)	se lave	s'est lavé/e	se lavera
nous (nós)	nous lavons	nous sommes lavés/ées	nous laverons
vous (vocês, formal)	vous lavez	vous êtes lavés/ées	vous laverez
ils/elles (eles/elas)	se lavent	se sont lavés/ées	se laveront

Verbos irregulares

		Presente	**Particípio passado**
acheter	*j'*	achète	
comprar	*tu*	achètes	
	il/elle	achète	acheté
	nous	achetons	(com avoir)
	vous	achetez	
	ils/elles	achètent	

aller	*je*	vais	
ir	*tu*	vas	
	il/elle	va	allé/e/s
	nous	allons	(com être)
	vous	allez	
	ils/elles	vont	

		Presente	Particípio passado
appeler	*j'*	appelle	
chamar	*tu*	appelles	
	il/elle	appelle	appelé
	nous	appelons	(com avoir)
	vous	appelez	
	ils/elles	appellent	

boire	*je*	bois	
beber	*tu*	bois	
	il/elle	boit	bu
	nous	buvons	(com avoir)
	vous	buvez	
	ils/elles	boivent	

commencer	*je*	commence	
iniciar,	*tu*	commences	
começar	*il/elle*	commence	commencé
	nous	commençons	(com avoir)
	vous	commencez	
	ils/elles	commencent	

comprendre	*je*	comprends	
entender	*tu*	comprends	
	il/elle	comprend	compris
	nous	comprenons	(com avoir)
	vous	comprenez	
	ils/elles	comprennent	

		Presente	Particípio passado
conduire	*je*	conduis	
dirigir	*tu*	conduis	
	il/elle	conduit	conduit
	nous	conduisons	(com avoir)
	vous	conduisez	
	ils/elles	conduisent	

connaître	*je*	connais	
conhecer	*tu*	connais	
	il/elle	connaît	connu
	nous	connaissons	(com avoir)
	vous	connaissez	
	ils/elles	connaissent	

devoir	*je*	dois	
dever	*tu*	dois	
	il/elle	doit	dû
	nous	devons	(com avoir)
	vous	devez	
	ils/elles	doivent	

dire	*je*	dis	
dizer	*tu*	dis	
	il/elle	dit	dit
	nous	disons	(com avoir)
	vous	dites	
	ils/elles	disent	

		Presente	Particípio passado
écrire	*j'*	écris	
escrever	*tu*	écris	
	il/elle	écrit	écrit
	nous	écrivons	(com avoir)
	vous	écrivez	
	ils/elles	écrivent	

entendre	*j'*	entends	
ouvir	*tu*	entends	
	il/elle	entend	entendu
	nous	entendons	(com avoir)
	vous	entendez	
	ils/elles	entendent	

envoyer	*j'*	envoie	
enviar	*tu*	envoies	
	il/elle	envoie	envoyé
	nous	envoyons	(com avoir)
	vous	envoyez	
	ils/elles	envoient	

espérer	*j'*	espère	
esperar	*tu*	espères	
	il/elle	espère	espéré
	nous	espérons	(com avoir)
	vous	espérez	
	ils/elles	espèrent	

		Presente	Particípio passado
faire	*je*	fais	
fazer	*tu*	fais	
	il/elle	fait	fait
	nous	faisons	(com avoir)
	vous	faites	
	ils/elles	font	
lire	*je*	lis	
ler	*tu*	lis	
	il/elle	lit	lu
	nous	lisons	(com avoir)
	vous	lisez	
	ils/elles	lisent	
manger	*je*	mange	
comer	*tu*	manges	
	il/elle	mange	mangé
	nous	mangeons	(com avoir)
	vous	mangez	
	ils/elles	mangent	
mettre	*je*	mets	
colocar	*tu*	mets	
	il/elle	met	mis
	nous	mettons	(com avoir)
	vous	mettez	
	ils/elles	mettent	

		Presente	Particípio passado
offrir	*j'*	offre	
oferecer	*tu*	offres	
	il/elle	offre	offert
	nous	offrons	(com avoir)
	vous	offrez	
	ils/elles	offrent	

partir	*je*	pars	
partir	*tu*	pars	
	il/elle	part	parti/e/s
	nous	partons	(com être)
	vous	partez	
	ils/elles	partent	

payer	*je*	paie	
pagar	*tu*	paies	
	il/elle	paie	payé
	nous	payons	(com avoir)
	vous	payez	
	ils/elles	paient	

pouvoir	*je*	peux	
poder	*tu*	peux	
	il/elle	peut	pu
	nous	pouvons	(com avoir)
	vous	pouvez	
	ils/elles	peuvent	

		Presente	Particípio passado
prendre	*je*	prends	
tomar	*tu*	prends	
	il/elle	prend	pris
	nous	prenons	(com avoir)
	vous	prenez	
	ils/elles	prennent	
recevoir	*je*	reçois	
receber	*tu*	reçois	
	il/elle	reçoit	reçu
	nous	recevons	(com avoir)
	vous	recevez	
	ils/elles	reçoivent	
rendre	*je*	rends	
devolve	*tu*	rends	
	il/elle	rend	rendu
	nous	rendons	(com avoir)
	vous	rendez	
	ils/elles	rendent	
rire	*je*	ris	
rir	*tu*	ris	
	il/elle	rit	ri
	nous	rions	(com avoir)
	vous	riez	
	ils/elles	rient	

		Presente	Particípio passado
savoir	*je*	sais	
saber	*tu*	sais	
	il/elle	sait	su
	nous	savons	(com avoir)
	vous	savez	
	ils/elles	savent	

servir	*je*	sers	
servir	*tu*	sers	
	il/elle	sert	servi
	nous	servons	(com avoir)
	vous	servez	
	ils/elles	servent	

sortir	*je*	sors	
sair	*tu*	sors	
	il/elle	sort	sorti/e/s
	nous	sortons	(com être)
	vous	sortez	
	ils/elles		sortent

tenir	*je*	tiens	
segurar	*tu*	tiens	
	il/elle	tient	tenu
	nous	tenons	(com avoir)
	vous	tenez	
	ils/elles	tiennent	sortent

		Presente	Particípio passado
venir	*je*	viens	
vir	*tu*	viens	
	il/elle	vient	venu/e/s
	nous	venons	(com être)
	vous	venez	
	ils/elles	viennent	
vivre	*je*	vis	
viver	*tu*	vis	
	il/elle	vit	vécu
	nous	vivons	(com avoir)
	vous	vivez	
	ils/elles	vivent	
voir	*je*	vois	
ver	*tu*	vois	
	il/elle	voit	vu
	nous	voyons	(com avoir)
	vous	voyez	
	ils/elles	voient	
vouloir	*je*	veux	
querer	*tu*	veux	
	il/elle	veut	voulu
	nous	voulons	(com avoir)
	vous	voulez	
	ils/elles	veulent	

Apêndice B

Minidicionário Francês-Português

A

à bientôt/*a biãNtô*/até logo

à côté de/*a cotê d(e)*/perto de

à demain/*a demãN*/até amanhã

à droite/*a droat*/à direita

à gauche/*a gôche*/à esquerda

à l'heure/*a lér*/na hora

absolument/*absolymaN*/ absolutamente

accepter/*acséptê*/aceitar

acheter/*achtê*/comprar

addition/*adicioN*/conta

adresse/*adrésse*/endereço

adresse électronique/*adrésse electroníque*/e-mail

affaires/*afér*/negócios

agneau/*anhô*/cordeiro

aider/*edê*/ajudar

aimer/*emê*/amar

aller/*alê*/ir

aller-retour/*alê retúr*/viagem de ida e volta

aller simple/*alê sãNple*/ida (passagem)

ami/amie/*amí*/amigo(a)

août/*ut*/agosto

appeler/*ap(e)lê*/chamar

argent/*arjaN*/dinheiro

arretê/*arré*/parar

arriver/*arrivê*/chegar

assiette/*assiét*/prato

attendre/*ataNdre*/esperar

au fond/*ô foN*/ao fundo

au revoir/*ô revuár*/adeus

aubaine/*obéne*/liquidação [Quebec]

aujourd'hui/*ojurdyí*/hoje

aussi/*ossí*/ também

avocat/*avocá*/advogado

avoir/*avuár*/ ter

avril/*avril(e)*/abril

B

banane/*banáne*/banana

basket/*baskét*/basquetebol

baskets/*baskét*/tênis

beau/*bô*/bonito, belo

beurre/*bér*/manteiga

bicyclette/*biciclléte*/bicicleta

bien sûr/*biãN syr*/claro

bière/*biér*/cerveja

billet/*biê*/passagem

bizarre/*bizár*/estranho, bizarro

blanc/*blaN*/branco

blazer/*blazér*/blazer

bleu/bleue/*blê*/azul

boeuf/*bêf*/bife

boire/*boar*/beber

bon/*boN*/bom

bonjour/*boNjur*/bom dia

bonne nuit/*bóne nyí*/boa noite

bonsoir/*boNsoar*/boa noite

bottes/*bóte*/botas

boucherie/*bucherrí*/açougue

boulangerie/*bulaNgerrí*/padaria

bras/*brá*/braço

bruyant/*bryiaN*/barulhento

bureau/*byrrô*/escritório

C

ça va/*ça va*/tudo bem

café/*cafê*/café

caisse/*quésse*/caixa registradora

campagne/*caNpánhe*/zona rural

carotte/*carróte*/cenoura

carte de crédit/*carte d(e) credí*/ cartão de crédito

celui-ci[m]/**celle-ci**[f]/*celyí ci/ céle ci*/este/esta

celui-là[m]/**celle-là**[f]/*celyí la/ céle lá*/aquele/aquela

champignon/*chaNpinhoN*/ cogumelo

chapeau/*chapô*/chapéu

charcuterie/*charkyterrí*/açougue especializado em carne de porco e comidas preparadas

charmant/charmante/*charmaN/ charmant*/charmoso(a)

chaud/*chô*/quente

chemise/*chemíse*/camisa

chemisier/*chemisiê*/blusa

cher/*chér*/caro

choisir/*choasír*/escolher

cinq/*çãNq*/cinco

clair/*clér*/claro

code postal/*cód postále*/código postal

coffre/*cófre*/porta-malas

collègue/*colégue*/colega

comment/*comaN*/como

compagnie/*coNpanhí*/ companhia

complet/*coNplé*/terno [França]

conduire/*coNdyír*/dirigir

confiture/*coNfityr*/geleia

costume de bains/*costyme d(e) bãN* roupa de banho [Quebec]

côtes/*côt*/costelas

cou/*cu*/pescoço

couleur/*culér*/cor

couteau/*cutô*/faca

cravate/*cravâte*/gravata

crème/*créme*/creme

crémerie/*cremerrí*/laticínios e loja de queijos

crudités/*cryditê*/vegetais verdes misturados

cuillère/*kyiér*/colher

D

d'accord/*dacór*/tudo bem

danser/*daNsê*/dançar

décembre/*deçaNbre*/dezembro

dehors/*dehór*/lado de fora

déjeuner/*dejênê*/almoçar

dentiste/*daNtist*/dentista

dessert/*dessér*/sobremesa

deux/*dê*/dois

devoir/*devoar*/dever

dix/*diz*/dez

dizyít/*diz yít*/dezoito

dix-neuf/*diz néf*/dezenove

dix-sept/*diz cét*/dezessete

docteur/*doctér*/médico

doigt/*doá*/dedo

donner/*donê*/dar

dormir/*dórmir*/dormir

doux/*du*/ameno

douze/*duz*/doze

E

eau/*ô*/água

échecs/*echéc*/xadrez

elle/*éle*/ela

elles/*éle*/elas

employé/*aNploaiê*/funcionário

en retard/*aN retár*/atrasado

enchanté/*aNchaNtê*/encantado

enfant/*aNfaN*/*criança*

ennuyeu/*aNnyiê*/chato

entrées/*aNtrê*/aperitivos

épaule/*epôle*/ombro

épicerie/*epicerrí*/mercearia [loja de produtos gerais]

être/*étre*/ser/estar

étroit/*etroá*/estreito

F

facile/*facíle*/fácil

faim/*fãN*/fome

fatigué/*fatiguê*/cansado

femme/*fáme*/esposa

fenêtre/*fenétre*/janela

fêtes/*féte*/feriados

février/*fevriê*/fevereiro

figure/*figuyr*/rosto

fille/*fíe*/filha ou menina

fils/*fís*/filho

fin/*fãN*/final

finir/*finír*/terminar

fleur/*flér*/flor

foncé/*foNcê*/escuro

football Américain/*futebále americãN*/futebol americano

football/soccer (Canada)/*futebále/soquér*/futebol

fourchette/*furchéte*/garfo

fraise/*frése*/morango

frère/*frér*/irmão

froid/*froá*/frio

fromage/*fromágle*/ queijo

fruits/*fryí*/fruta

G

gagner/*ganhê*/ganhar

garçon/*garçoN*/menino

gare/*gár*/estação de trem

gâteau au chocolat/*gatô ô chocolá*/bolo de chocolate

genou/*genú*/joelho

glace/*gláce*/sorvete

grand/*graN*/grande, alto

grand magasin/*graN magasãN*/ loja de departamentos

grippe/*grípe*/gripe

guitare/*guitár*/violão

H

habit/*habí*/terno [Quebec]

habiter/*habitê*/morar

haricots verts/*harricô vér*/ vagem

huit/*yít*/oito

I

il/*il(e)*/ele

il y a/*ili a*/há

ils/*il*/eles

imperméable/*ãNpermeable*/ capa impermeável

infirmier/*ãNfirmiê*/enfermeiro

ingénieur/*ãNgeniér*/engenheiro

J

janvier/*jaNviê*/janeiro

jardin/*jardãN*/jardim

jaune/*jône*/amarelo

je/*j(e)*/eu

jean/*din*/jeans

joli/*jolí*/bonito

jouer/*juê*/jogar

jour/*jur*/dia

juillet/*jyié*/julho

juin/*jyãN*/junho

jupe/*jype*/saia

jusqu'à/*jyscá*/até

L

là-bas/*la bá*/lá

laine/*léne*/lã

laitue/*letý*/alface

large/*lárgle*/grande

légumes/*leguyme*/legumes

lendemain/*laNd(e)mãN*/dia seguinte

livre/*livre*/libra = 500 g, cerca de 1.1lb.

lui/*lyí*/ele

M

madame/*madáme*/senhora

magasin/*magasãN*/loja

mai/*mé*/maio

main/*mãN*/mão

maintenant/*mãNt(e)naN*/agora

mais/*mé*/mas

maison/*mesoN*/casa

maladie/*maladí*/doença

manger/*maNgê*/comer

manquer/*maNquê*/faltar

manteau/*maNtô*/casaco

marchand/*marchaN*/vendedor

margarine/*margarríne*/ margarina

mari/*marrí*/marido

marron/*marroN*/marrom

mars/*mars*/março

mauvais/*movè*/mau

médecin/*med(e)çãN*/médico

même/*méme*/mesmo

mer/*mér*/mar

merci/*merci*/obrigado

mère/*mér*/mãe

mettre/*métre*/colocar

moderne/*modérne*/moderno

moi/*moá*/mim

monsieur/*messiê*/senhor

montagne/*moNtánhe*/montanha

montre/*moNtre*/relógio

montrer/*moNtrê*/mostrar

moyen/*moaiaN*/média

N

natation/*natacioN*/natação

neige/*nége*/neve

neuf/*néf*/nove

nez/*nê*/nariz

noir/noire/*noar*/preto(a)

nom/*noM*/último nome

nous/*nu*/**nós**

novembre/*novaNbre*/novembro

numéro de téléphone/*nymerrô d(e) telefóne*/número do telefone

O

octobre/*óctóbre*/outubro

oeil/*éi*/olho

oignon/*oanhoN*/cebola

onze/*oNze*/onze

orange/*orraNg(e)*/laranja

oreille/*orréi*/orelha

où/*u*/onde

P

pain/*pãN*/pão

pantalon/*paNtaloN*/calças largas

parfait/*parfé*/perfeito

parler/*parlê*/falar

partir/*partír*/partir

pas du tout/*pa dy tu*/de forma alguma

passeport/*passepór*/passaporte

pâtisserie/*patisserrí*/confeitaria

pays/*peí*/país

pêche/*péche*/pêssego

penser/*paNsê*/pensar

père/*pér*/pai

personnes/*pérsóne*/pessoas

petit/*p(e)tí*/pequeno, curto

petit déjeuner/*p(e)tí dejênê*/ café da manhã

petite-fille/*p(e)tit fíe*/neta

petit-fils/*p(e)tí fis*/neto

petits pois/*p(e)tí poá*/ervilhas

petits-enfants/*p(e)tizaNfaN*/ netos

photo/*fotô*/fotografia

piano/*pianô*/piano

pied/*piê*/pé

plage/*plág(e)*/praia

pointure/*poãNtyr*/tamanho do sapato

poire/*poár*/pera

poisson/*poassoN*/peixe

poitrine/*poatríne*/peito

poivre/*poávre*/pimenta

police/*políce*/polícia

pomme/*póme*/maçã

pommes de terre/*póme d(e) térre*/batatas

porc/*pór*/porco

porte/*pórt*/porta

porte-monnaie/*pórt moné*/ carteira

porter/*portê*/vestir

poulet/*pulê*/galinha

pourboire/*purboár*/gorjeta

pourquoi/*purcuá*/por que

pouvoir/*puvoár*/poder, ser capaz de

préférer/*preferrê*/preferir

prendre/*praNdre*/tomar

prénom/*prenoM*/primeiro nome

présenter/*presaNtê*/apresentar

professeur/*professér*/professor do Ensino Médio ou de faculdade

puis/*pyí*/então

pull/*pyl*/suéter

Q

qu'est-ce que/*quésce quê*/o que

quand/*caN*/quando

quatorze/*catórze*/quatorze

quatre/*catre*/quatro

quelle/*quéle*/qual

quelque chose/*quélque chôse*/algo

qui/*qui*/quem

quinze/*cãnNz(e)*/quinze

R

regarder/*regardê*/assistir

rendre/*raNdre*/devolver (algo)

repas/*repá*/refeição

répondre/*repoNdre*/responder

rester/*restê*/ficar

retraité/*retretê*/pessoa aposentada

riz/*ri*/arroz

robe/*rob*/vestido

rouge/*rúg(e)*/vermelho

rue/*ry*/rua

S

sac/*sâc*/bolsa

salade verte/*salad vért*/salada verde, salada com alface apenas

salut/*salý*/oi

secrétaire/*secretér*/secretária

seize/*séz*/dezesseis

séjour/*sejúr*/estada

sel/*sél*/sal

semaine/*seméne*/semana

sept/*sét*/sete

septembre/*septaNbre*/setembro

serveur, serveuse/*servér/servêze*/garçom, garçonete

serviette/*sêrleaN*/guardanapo

seulement/*sâlemaN*/somente

siège/*siége*/assento

six/*siz*/seis

slip/*slíp*/cueca

soeur/*sér*/irmã

soif/*soáf*/sede

soldes/*sólde*/liquidação [França]

soleil/*soléi*/sol

sortir/*sórtir*/sair

soucoupe/*sucup(e)*/pires

sucre/*sýcre*/açúcar

supermarché/*sypermarchê*/supermercado

sur/*syr*/sobre

sweat/*suíte*/blusa de agasalho

T

tant pis/*taN pí*/muito ruim

tarte aux pommes/*tárt ô póme*/torta de maçã

tasse/*tásse*/xícara

téléphoner/*telefonê*/telefonar ou ligar

tennis/*tenís*/tênis

thé/*tê*/chá

toi/*toá*/teu

tomate/*tomat*/tomate

toujour/*tujur*/sempre

tous/*tus*/todos

train/*trãN*/trem

travailler/*travaiê*/trabalhar

treize/*tréze*/treze

trois/*troá*/três

trop/*trô*/demais

tu/*ty*/você, informal

U

un/une/*ã/yne*/um(a)

V

valise/*valíse*/mala de viagem

veau/*vô*/carne de vitela

vendre/*vaNdre*/vender

venir/*venir*/vir

verre/*vér*/copo

vert/verte/*vér*/*vért*/verde

veste/*vést*/jaqueta (para homens e mulheres)

veston/*vestoN*/casaco de terno masculino

viande/*viaNd*/carne

ville/*víle*/cidade

vin/*vãN*/vinho

vingt/*vãN*/vinte

vingt-cinq/*vãN çãNq*/vinte e cinco

vingt-deux/*vãN dê*/vinte e dois

vingt-et-un/*vãNte ã*/vinte e um

vingt-huit/*vãNtyít*/vinte e oito

vingt-neuf/*vãN néf*/vinte e novo

vingt-quatre/*vãN catre*/vinte e quatro

vingt-sept/*vãN sét*/vinte e sete

vingt-six/*vãN siz*/vinte e seis

vingt-trois/*vãN troá*/vinte e três

violon/*violoN*/violino

voir/*voár*/ver

voiture/*voatyr*/carro

vol/*vól*/vòo

vouloir/*vuloár*/querer

vous/*vu*/você, formal

voyage d'affaires/*voaiag(e) dufér*/viagem de negócios

voyager/*voaiagê*/viajar

Minidicionário Português-Francês

A

*à direita/**à droite**/a droat*

à esquerda/**à gauche**/*a gôche*

abril/**avril**/*avril(e)*

absolutamente/**absolument**/*absolymaN*

aceitar/**accepter**/*acséptê*

açougue especializado em porco e comidas preparadas/**charcuterie**/*charkyterrí*

açougue/**boucherie**/*bucherrí*

açúcar/**sucre**/*sýcre*

adeus/**au revoir**/*ô revur*

abacate/**avocat**/*avocá*

agora/**maintenant**/*mãNt(e)naN*

agosto/**août**/*ut*

água/**eau**/*ô*

ajudar/**aider**/*edê*

alface/**laitue**/*lety*

algo/**quelque chose**/*quélque chôse*

almoçar/**déjeuner**/*dejênê*

amarelo/**jaune**/*jône*

ameno/**doux**/*du*

amigo/**ami/amie**/*ami*

ao fundo/**au fond**/*ô foN*

apenas/**seulement**/*sélemaN*

aperitivos/**entrées**/*aNtrê*

apresentar/**présenter**/*presaNtê*

aquele/**celui-là**/aquela/**celle-là**/*celyí lá/céle lá*

arroz/**riz**/*ri*

assento/**siège**/*siég(e)*

assistir/**regarder**/*regardê*

até amanhã/**à demain**/*a demãN*

até logo/**à bientôt**/*a biãtô*

até/**jusqu'à**/*jyscá*

azul/**bleu/bleue**/*blê*

B

banana/**banane**/*banáne*

barulhento/**bruyant**/*bryiaN*

basquetebol/**basket**/*baskét*

batatas/**pommes de terre**/*póme d(e) térre*

beber/**boire**/*boar*

bicicleta/**bicyclette**/*biciclète*

bife/**boeuf**/*béf*

blazer/**blazer**/*blazér*

blusa de agasalho/**sweat**/*suíte*

blusa/**chemisier**/*chemisiê*

boa noite/**bonne nuit**/*bóne nyí*

boa noite/**bonsoir**/*boN soar*

bolo de chocolate/**gâteau au chocolat**/*gatô ô chocolá*

bom dia/**bonjour**/*boNjur*

bom/**bon**/*boN*

bonito, belo/**beau**/*bô*

bonito/**joli**/*jolí*

botas/**bottes**/*bóte*

braço/**bras**/*brá*

branco/**blanc**/*blaN*

C

café da manhã/**petit déjeuner**/*p(e)tí dejênê*

café/**café**/*cafê*

caixa registradora/**caisse**/*quésse*

calças largas/**pantalon**/*paNtaloN*

camisa/**chemise**/*chemise*

cansado/**fatigue**/*fatiguê*

capa impermeável/**imperméable**/*ãNpermeáble*

carne de vitela/**veau**/*vô*

carne/**viande**/*viaNd*

caro/**cher**/*chér*

carro/**voiture**/*voatyr*

cartão de crédito/**carte de crédit**/*carte d(e) credí*

carteira/**porte-monnaie**/*pórt moné*

casa/**maison**/*mesoN*

casaco do terno masculino/**veston**/*vestoN*

casaco/**manteau**/*maNtô*

cebola/**oignon**/*oanhoN*

cenoura/**carotte**/*carróte*

cerveja/**bière**/*biér*

chá/**thé**/*tê*

chamar/**appeler**/*ap(e)lê*

chapéu/**chapeau**/*chapô*

charmoso/**charmant/charmante**/*charmaN/charmant*

chato/**ennuyeu**/*aNyiê*

chegar/**arriver**/*arrivê*

cidade/**ville**/*vile*

cinco/**cinq**/*çãNq*

claro/**bien sûr**/*biãN syr*

claro/**clair**/*clér*

código postal/**code postal**/*cód postále*

cogumelo/**champignon**/*chaNpinhoN*

colega/**collègue**/*colégue*

colher de chá/**cuillère**/*kyiér*

colher/**cuillère**/*kyiér*

colocar/**mettre**/*métre*

comer/**manger**/*maNgê*

como/**comment**/*comaN*

companhia/**compagnie**/ *coNpanhí*

comprar/**acheter**/*achtê*

confeitaria/**pâtisserie**/*patisserrí*

conta/**addition**/*adicioN*

copo/**verre**/*vér*

cor/**couleur**/*culér*

cordeiro/**agneau**/*anhô*

costelas/**côtes**/*côt*

creme/**crème**/*créme*

criança/**enfant**/*aNfaN*

cueca/**slip**/*slíp*

D

dançar/**danser**/*daNsê*

dar/**donner**/*donê*

de forma alguma/**pas du tout**/ *pa dy tu*

dedo/**doigt**/*doá*

demais/**trop**/*trô*

dentista/**dentiste**/*daNtist*

dever/**devoir**/*devoar*

devolver (algo)/**rendre**/*raNdre*

dez/**dix**/*diz*

dezembro/**décembre**/*deçaNbre*

dezenove/**dix-neuf**/*diz néf*

dezesseis/**seize**/*séz*

dezessete/**dix-sept**/*diz cét*

dezoito/**dix-huit**/*dizyít*

dia seguinte/**lendemain**/*laNd(e) mãN*

dia/**jour**/*jur*

dinheiro/**argent**/*arjaN*

dirigir/**conduire**/*coNdyír*

doença/**maladie**/*maladí*

dois/**deux**/*dê*

dormir/**dormir**/*dórmir*

doze/**douze**/*duz*

E

e-mail/**adresse électronique**/ *adrésse electroníque*

ela/**elle**/*éle*

elas/**elles**/*éle*

ele/**il**/*il(e)*

ele/**lui**/*lyí*

eles/**ils**/*il(e)*

encantado/**enchanté**/*aNchaNtê*

endereço/**adresse**/*adrésse*

enfermeiro/**infirmier**/*ãNfirmiê*

engenheiro/**ingénieur**/*ãNgeniér*

então/**puis**/*pyí*

ervilhas/**petits pois**/*p(e)tí poá*

escolher/**choisir**/*choasír*

escritório/**bureau**/*byrrô*

escuro/**foncé**/*foNcê*

esperar/**attendre**/*ataNdre*

esposa/**femme**/*fáme*

estação de trem/**gare**/gár

estada/**séjour**/*sejúr*

este/**celui-ci**/esta/**celle-ci**/*celyí ci/céle ci*

estranho, bizarro/**bizarre**/*bizár*

estreito/**étroit**/*etroá*

eu/**je**/*j(e)*

F

faca/**couteau**/*cutô*

fácil/**facile**/*facíle*

falar/**parler**/*parlê*

faltar/**manquer**/*maNquê*

feriados/**fêtes**/*féte*

fevereiro/**février**/*fevriê*

ficar/**rester**/*restê*

filha/**fille**/*fíe*

filho/**fils**/*fis*

final/**fin**/*fãN*

flor/**fleur**/*flér*

fome/**faim**/*fãN*

foto/**photo**/*fotô*

frio/**froid**/*froá*

frutas/**fruits**/*fryí*

funcionário/**employé**/*aNploaiê*

futebol americano/**football américain**/*futebále americãN*

futebol/**football/soccer (Canadá)**/*futebále/soquér*

G

galinha/**poulet**/*pulê*

ganhar/**gagner**/*ganhê*

garçom/garçonete/**serveur, serveuse**/*servér, servêze*

garfo/**fourchette**/*furchéte*

garoto/**garçon**/*garçoN*

geleia/**confiture**/*coNfityr*

gorjeta/**pourboire**/*purboar*

gostar; amar/**aimer**/*emê*

grande, alto/**grand**/*graN*

gravata/**cravate**/*cravále*

gripe/**grippe**/*grípe*

guardanapo/**serviette**/*serviéte*

H

há/**il y a**/*ili a*

hoje/**aujourd'hui**/*ojurdyí*

I

ida (passagem)/**aller-simple**/*alê sãNple*

ida e volta/**aller-retour**/*alê retur*

ir/**aller**/*alê*

irmã/**soeur**/*sér*

irmão/**frère**/*frér*

J

janeiro/**janvier**/*jaNviê*

janela/**fenêtre**/*fenétre*

jaqueta (para homens e mulheres)/**veste**/*véste*

jardim/**jardin**/*jardãN*

jeans/**jean**/*din*

joelho/**genou**/*genú*

jogar/**jouer**/*juê*

julho/**juillet**/*jyiê*

junho/**juin**/*jyãN*

L

lá/**là-bas**/*lá bá*

lã/**laine**/*léne*

lado de fora/**dehors**/*dehór*

laranja/**orange**/*orraNge*

largo/**large**/*lárg(e)*

laticínios e loja de queijos/**crémerie**/*cremerrí*

legumes/**légumes**/*leguýme*

libra = 500 g, cerca de 1.1lb/**livre**/*livre*

liquidação [França]/**soldes**/*sólde*

liquidação [Quebec]/**aubaine**/*obéne*

loja de departamentos/**grand magasin**/*graN magasãN*

loja/**magasin**/*magasãN*

M

maçã/**pomme**/*póme*

mãe/**mère**/*mér*

maio/**mai**/*mé*

mala de viagem/**valise**/*valíse*

mala/**sac**/*sác*

manteiga/**beurre**/*bér*

mão/**main**/*mãN*

mar/**mer**/*mér*

março/**mars**/*mars*

margarina/**margarine**/*margarrine*

marido/**mari**/*marrí*

marrom/**marron**/*marroN*

mas/**mais**/*mé*

média/**moyen**/*moaiaN*

médico/**docteur**/*doctér*

médico/**médecin**/*med(e)çãN*

menina/**fille**/*fíe*

mercearia [loja de produtos gerais]/ **épicerie**/*épicerrí*

mesmo/**même**/*méme*

mim/**moi**/*moá*

moderno/**moderne**/*modérne*

montanha/**montagne**/*moNtánhe*

morango/**fraise**/*frése*

mostrar/**montrer**/*moNtrê*

muito ruim/**tant pis**/*taN pi*

N

na hora/**à l'heure**/*a lér*

nariz/**nez**/*nê*

natação/**natation**/*natacioN*

negócio/**affaires**/*afér*

neta/**petite-fille**/*p(e)tit fíe*

neto/**petit-fils**/*p(e)tí fis*

netos/**petits-enfants**/*p(e) tizaNfaN*

neve/**neige**/*nége*

nós/**nous**/*nu*

nove/**neuf**/*nâf*

novembro/**novembre**/*novaNbre*

número de telefone/**numéro de téléphone**/*nymerrô d(e) telefóne*

O

o que/**qu'est-ce que**/*quésce quê*

obrigado/**merci**/*merci*

oi/**salut**/*saly*

oito/**huit**/*yít*

olho/**oeil**/*éi*

ombro/**épaule**/*epôle*

onde/**où**/*u*

onze/**onze**/*onz*

orelha/**oreille**/*orréi*

outubro/**octobre**/*óctóbre*

P

padaria/**boulangerie**/*bulaNgerrí*

pai/**père**/*pér*

país/**pays**/*peí*

pão/**pain**/*pãN*

parada/**arrêt**/*arré*

partir/**partir**/*partir*

passagem/**billet**/*biê*

passaporte/**passeport**/*passepór*

pé/**pied**/*piê*

peito/**poitrine**/*poatríne*

peixe/**poisson**/*poassoN*

pensar/**penser**/*paNsê*

pequeno, curto/**petit**/*p(e)tí*

pera/**poire**/*poár*

perfeito/**parfait**/*parfé*

perto de/**à côté de**/*a cotê d(e)*

pescoço/**cou**/*cu*

pêssego/**pêche**/*péche*

pessoa aposentada/**retraité**/ *retretê*

pessoas/**personnes**/*pérsóne*

piano/**piano**/*pianô*

pimenta/**poivre**/*poávre*

pires/**soucoupe**/*sucup(e)*

poder/**pouvoir**/*puvoár*

polícia/**police**/*polìce*

por que/**pourquoi**/*purcuá*

porco/**porc**/*pór*

porta-malas/**coffre**/*cófre*

porta/**porte**/*pórt*

praia/**plage**/*plág(e)*

prato/**assiette**/*assiéte*

preferir/**préférer**/*preferrê*

preto/**noir/noire**/*noar*

primeiro nome/**prénom**/*prenoN*

professor do Ensino Médio e de faculdade/**professeur**/ *professér*

Q

qual/**quelle**/*quéle*

quando/**quand**/*caN*

quatorze/**quatorze**/*catórze*

quatro/**quatre**/*catre*

queijo/**fromage**/*fromág(e)*

quem/**qui**/*qui*

quente/**chaud**/*chô*

querer/**vouloir**/*vuloár*

quinze/**quinze**/cãnz(e)

R

refeição/**repas**/*repá*

relógio/**montre**/*moNtre*

responder/**répondre**/*repoNdre*

rosto/**figure**/*figuyr*

roupa de banho [Quebec]/ **costume de bains**/*costyme d(e) bãN*

rua/**rue**/*ry*

ruim/**mauvais**/*movê*

S

saia/**jupe**/*jype*

sair/**sortir**/*sórtir*

sal/**sel**/*sél*

salada verde, salada com alface apenas/**salade verte**/*salad vért*

secretária/**secrétaire**/*secretér*

sede/**soif**/*soaf*

seis/**six**/*siz*

semana/**semaine**/*seméne*

sempre/**toujours**/*tujurs*

senhor/**monsieur**/*messiê*

senhora/**madame**/*madáme*

ser/estar/**être**/*étre*

sete/**sept**/*sét*

setembro/**septembre**/*septaNbre*

sobre/**sur**/*syr*

sobremesa/**dessert**/*dessér*

sol/**soleil**/*soléi*

sorvete/**glace**/*gláce*

suéter/**pull**/*pyl*

supermercado/**supermarché**/*sypermarchê*

T

tamanho do sapato/**pointure**/*poãNtyr*

também/**aussi**/*ossí*

tarde/**en retard**/*aN retár*

telefonar ou ligar/**téléphoner ou coup de fil**/*telefonê/ cup de fi*

tênis/**baskets**/*baskct*

tênis/**tennis**/*tenís*

ter/**avoir**/*avuár*

terminar/**finir**/*finír*

terno [França]/**complet**/*coNplé*

terno [Quebec]/**habit**/*habí*

teu/**ton**/*ton*

todos/**tous**/*tus*

tomar/**prendre**/*praNdre*

tomate/**tomate**/*tomáte*

torta de maçã/**tarte aux pommes**/*tart ô póme*

trabalhar/**travailler**/*travaiê*

trem/**train**/*trãN*

três/**trois**/*troá*

treze/**treize**/*tréze*

tudo bem/**ça va**/*ça va*

tudo bem/**d'accord**/*dacór*

U

último nome/**nom**/*noM*

um/**un/une**/*ãN/yne*

V

vagem/**haricots verts**/*harricô vér*

vegetais crus/**crudités**/*cryditê*

vendedor/**marchand**/*marchaN*

vender/**vendre**/*vaNdre*

ver/**voir**/*voár*

verde/**vert/verte**/*vér/vért*

vermelho/**rouge**/*rúg(e)*

vestido/**robe**/*rób*

vestir/**porter**/*portê*

viagem de negócios/**voyage d'affaires**/*voaiag(e) dafér*

viajar/**voyager**/*voaiagê*

vinho/**vin**/*vãN*

vinte de dois/**vingt-deux**/*vãN dê*

vinte e cinco/**vingt-cinq**/*vãN çãNq*

vinte e nove/**vingt-neuf**/*vãN néf*

vinte e oito/**vingt-huit**/*vãNtyít*

vinte e quatro/**vingt-quatre**/*vãN catre*

vinte e seis/**vingt-six**/*vãN siz*

vinte e sete/**vingt-sept**/*vãN sét*

vinte e três/**vingt-trois**/*vãN troá*

vinte e um/**vingt-et-un**/*vãNte ã*

vinte/**vingt**/*vãN*

violão/**guitare**/*guitár*

violino/**violon**/*violoN*

vir/**venir**/*venir*

viver/**habiter**/*habitê*

você, formal/**vous**/*vu*

você, informal/**tu**/*ty*

voo/**vol**/*vól*

X

xadrez/**échecs**/*echéc*

xícara/**tasse**/*tásse*

Z

zona rural/**campagne**/*caNpánhe*

Apêndice C

Sobre o Áudio

A seguir, você vê a lista das faixas que acompanham este livro e que podem ser encontradas ao buscar o título desta obra no site www.altabooks.com.br.

Faixa 1: Introdução e guia de pronúncia: Como pronunciar todos os sons no alfabeto francês

Faixa 2: Capítulo 3: Saudações e apresentações: Dizendo "olá" e "como vai você"

Faixa 3: Capítulo 3: Saudações e apresentações: Apresentando-se

Faixa 4: Capítulo 3: Saudações e apresentações: Mais apresentações e gracejos

Faixa 5: Capítulo 4: Criando uma pequena conversação: Uma pequena conversa em um avião.

Faixa 6: Capítulo 4: Criando uma pequena conversação: Falando sobre a família de alguém

Faixa 7: Capítulo 4: Criando uma pequena conversação: Falando sobre o tempo

Faixa 8: Capítulo 5: Jantando fora: Decidindo sobre o que beber

Faixa 9: Capítulo 5: Jantando fora: Um garçom anotando os pedidos de comida

Faixa 10: Capítulo 5: Jantando fora: Decidindo sobre a sobremesa

Faixa 11: Capítulo 6: Compras fáceis: Conseguindo ajuda com um vendedor

Faixa 12: Capítulo 6: Compras fáceis: As roupas servem?

Faixa 13: Capítulo 6: Compras fáceis: Comprando uma jaqueta esportiva

Faixa 14: Capítulo 6: Compras fáceis: Fazendo a venda

Faixa 15: Capítulo 7: Saindo na cidade: Correndo para um concerto

Faixa 16: Capítulo 7: Saindo na cidade: Decidindo sobre o que fazer para se divertir

Faixa 17: Capítulo 8: Recreação: Em uma partida de futebol

Faixa 18: Capítulo 8: Recreação: Divertindo-se no acampamento

Faixa 19: Capítulo 9: Falando ao telefone: Pierre liga para Monique para irem ao cinema

Faixa 20: Capítulo 9: Falando ao telefone: Pierre liga para Marc, mas ele não está em casa

Faixa 21: Capítulo 10: No escritório e pela casa: Ligando para agendar um compromisso

Faixa 22: Capítulo 10: No escritório e pela casa: Uma família se apronta para o jantar

Faixa 23: Capítulo 11: Dinheiro, dinheiro, dinheiro: Trocando a moeda

Faixa 24: Capítulo 11: Dinheiro, dinheiro, dinheiro: Pagando com dinheiro ou cartão de crédito

Faixa 25: Capítulo 12: Pedindo orientações: Encontrando Notre Dame

Faixa 26: Capítulo 12: Pedindo orientações: Pedindo orientações a um policial

Faixa 27: Capítulo 13: Ficando em um hotel: Pedindo um quarto para uma noite

Faixa 28: Capítulo 13: Ficando em um hotel: Aprontando-se para o *check out*

Faixa 29: Capítulo 14: Transporte: No aeroporto

Faixa 30: Capítulo 14: Transporte: Pegando o ônibus

Faixa 31: Capítulo 15: Viagem: Falando com um agente de viagem

Faixa 32: Capítulo 16: Lidando com emergências: Um acidente de carro

Faixa 33: Capítulo 16: Lidando com emergências: Falando com um médico